Sehr geehrte Frau Dr. Burkert,

die Mitarbeiterinnen und Mitarbeiter des Caritaszentrums in Moosach bedanken sich für Ihren Besuch und für Ihr Interesse für unsere Arbeit.

München, den 23. Mai 1995

Winfried Leisgang
Zentrumsleiter

Laturell · Mooseder
Moosach

Volker D. Laturell · Georg Mooseder

Moosach

Geschichte und Gegenwart

Hugendubel

Stadt im Bild
Dokumentationen zur neueren Stadtgeschichte
herausgegeben von Richard Bauer

Die Deutsche Bibliothek – CIP-Einheitsaufnahme
Moosach: Geschichte und Gegenwart/Volker D. Laturell;
Georg Mooseder. – München: Hugendubel, 1993
  ISBN 3-88034-742-5
NE: Laturell, Volker D.; Mooseder, Georg

© Heinrich Hugendubel Verlag, München 1993
Alle Rechte vorbehalten

Produktion: Tillmann Roeder, München
Satz: Uhl + Massopust, Aalen
Reproduktion: Fotolito Longo, Frangart
Druck und Bindung: Jos. C. Huber KG, Dießen
Printed in Germany

ISBN 3-88034-742-5

Inhalt

Die Geschichte Moosachs

Vier Jahrtausende Siedlungskontinuität	7
Die Hofmark Moosach 1686–1800	8
Die Reformen in der ersten Hälfte des 19. Jahrhunderts	10
Die Gemeinde Moosach 1818–1913	12
Wohnblöcke statt Bauernhöfe	13
Vom Benefizium zur Pfarrei	14
Von der Winkelschule zum Schulzentrum	15
Der Bahnbau – spät, aber reichlich	15
Gewerbe und Industrie	16
Von der Tram-»Fernlinie« zur U-Bahn	17
Der 28. Bezirksausschuß	18
Vom Bauerndorf zur Vorstadt	19

Leben und Leute in Moosach

Die Brandschatzung Moosachs im 30jährigen Krieg	22
Der berühmteste Moosacher: Der Dichterkomponist Johann Khuen	23
Abt Malachias von Raitenhaslach	25
Das Pelkoven-Benefizium in Moosach	26
Die Fasanerien um Moosach	28
Die Moosacher Tafern – eines der ältesten Münchner Wirtshäuser	35
Ein Moosacher Bierbrauer in Berlin	38
Die Tracht in Moosach	39
Die Nöte des Schullehrers Schröfel	42
Das Eisfahren als Nebenerwerb	45
Die Lehrkolonie für Ersatzbaustoffe in Moosach	46

Moosach in Bildern

Das Dorf Moosach	49
Das ehemalige Moosacher Hofmarkschloß	51
Moosacher Kirchen	52
Das Moosacher Kriegerdenkmal	63
Moosacher Einblicke	66
Die alten Häuser in Moosach	71
Der Weiler Nederling	89
Die Moosacher Schulen	91
Industrie und Geschäftswelt	96
Die Moosacher Wirtshäuser	111
Gesellschaftliches Leben	119
Die Veränderungen in Moosach durch den Bau der Straßenbahn	136
Die Reichskleinsiedlung Moosach	147
Der Rangierbahnhof München-Nord	149
Der Zweite Weltkrieg	154
Wohnungsbau	156
Moosach im Überblick	159
Die Straßennamen in Moosach	165
Bildnachweis	174

TRAD CUNDHARI COM AD MOS

Dum ab omnib; non habetur incognitu sed
multis est in episcopio scae mariae bene
cognitu qualit cundhast com in propria
alode aeclam construxit & in alode uxoris
suae adalfrit nom in loco nuncupato mo
saha atq; uenerabilem uirum ~~atton~~ epm
illuc inuitauit ad consecranda ipsa aeclam
ipseq; atto ibidem ueniens inquirens cora
populo quid iam dictus cundhast com
de eadem aecta agere uoluisset ipseq; re
spondens Ego uero uolo meam partem
nunc coram istis cunctis ad domu scae ma
riae p remediu anmae meae. In manu uestr
tradere & confirmare uolo eo modo ut
post obitu meu uxor mea adalfrit si mo
sup uixerit habere liceat tam sup sa sua
parte de iam dicta aecta domui scae mariae

Anfang der Urkunde vom 2. Oktober 815; Übergabe der Kirche an Freising.

Die Geschichte Moosachs

Vier Jahrtausende Siedlungskontinuität

Der Name Moosach stammt von dem einst bedeutendsten Flüßchen zwischen der Isar und der Würm (heute zum Reigersbach verkümmert), das im Bereich nördlich der heutigen Bahnunterführung Dachauer Straße entsprang. Daß ein Ort den Namen eines Gewässers übernahm, ist nicht selten: »ach«, indogermanisch »akwa«, lateinisch »aqua«, althochdeutsch »aha«, und mittelhochdeutsch »ahe« bedeutet soviel wie fließendes Gewässer, und alt- wie ebenso mittelhochdeutsch »mos« steht für Moos bzw. Moor. Und in der Tat lief die einstige Moosach am Ostrand des Dachauer Mooses nach Norden, durchquert heute noch (nachdem sie sich im Inhauser Moos neu gebildet hat) Freising und mündet kurz vor Moosburg in die Isar. Der Ort Moosach liegt am Westrand des Gfilds, einer nicht besonders fruchtbaren Ebene nordwestlich von München zwischen Neuhausen und Garching bzw. dem Dachauer Moos und der Isar auf einer Höhe zwischen 513 m (Nederling) und 504 m über dem Meeresspiegel (Schulzentrum Merseburger/Gerastraße und Olympia-Einkaufszentrum).

Das heutige Moosach ist ein Stadtteil der Landeshauptstadt München und bildet seit dem 1. September 1992 den 10. Stadtbezirk. Bis dahin war Moosach seit der Eingemeindung 1913 ein Teil des 28. Stadtbezirks (Neuhausen-Moosach). Die endgültigen Grenzen des 10. Münchner Stadtbezirks »Moosach« verlaufen nach dem Stadtratsbeschluß vom 6. November 1991 ab 1996 am Nordrand des Rangierbahnhofs München-Nord (unter Einschluß der Einfahrgruppe und des Betriebswerks zwischen Allacher Forst und Dachauer Straße), die östliche Grenze bildet die Landshuter Allee am Westrand des Olympiaparks (Oberwiesenfeld); im Süden liegen das städtische Gaswerk, die Borstei, der Westfriedhof, der ehemalige Weiler Nederling, der Post-Sportpark und das Kapuzinerhölzl noch innerhalb des 10. Stadtbezirks; und im Westen schließlich verläuft die Moosacher Grenze am Westrand der Fasanerie Hartmannshofen nach Norden zurück zum Rangierbahnhof.

Moosach zählt zu den ältesten Orten rund um München. Eine nahezu ununterbrochene Kette von frühgeschichtlichen Funden läßt den Schluß auf eine kontinuierliche Siedlung im Bereich der Flur Moosbichl (= Hügel im Moos), der Quellen der Moosach und dem heutigen Dorfbereich zu. Sie beginnt in der sog. Glockenbecherstufe der Jüngeren Steinzeit (um 1800 v. Chr.) und führt über die Hügelgräber-Bronzezeit (um 1800 v. Chr.), die Urnenfelder-Kultur (um 1250 v. Chr.), die Hallstattzeit (um 750 v. Chr.) und die Kelten- bw. Latènezeit (um 450 v. Chr.), aus der in Moosach sogar Siedlungsreste entdeckt wurden (zusammen mit jenen in Denning die einzigen in München), bis in die Römerzeit (15 v. Chr. – etwa 400 n. Chr.).

Die Gründung des heutigen Moosach an der alten »Salzstraße« (der heutigen Pelkovenstraße) dürfte wohl zur Zeit der Bajuwaren erfolgt sein. Ein dazugehöriges bajuwarisches Gräberfeld, wie es in den gleichaltrigen Nachbarorten jeweils erforscht ist, konnte zwar in Moosach noch nicht lokalisiert werden, aber es ist nicht auszuschließen, daß die auf den offiziellen Terrain-Karten von 1852 ausgewiesenen »Grabhügel« im Bereich des heutigen Schulzentrums an der Merseburger/Gerastraße nördlich des Altdorfes aus der Bajuwarenzeit stammen. Die erste urkundliche Erwähnung des Ortes datiert vom 4. Juni 807. Die bedeutendste frühe Urkunde ist jene vom 2. Oktober 815 anläßlich der Schenkung der Moosacher Kirche mit Zubehör an den Bischof von Freising. Der Bau der ersten Moosacher Kirche ist demnach wahrscheinlich um 800, vielleicht auch schon davor erfolgt. Der erste Steinbau entstand im 12., spätestens im 13. Jahrhundert in romanischem Stil und wurde im 15. Jahrhundert gotisch erweitert und ausgebaut. 1315 ist die Kirche erstmals als Filialkirche der Urpfarrei St. Peter und Paul in Feldmoching bezeugt. 1524 wird das Patrozinium St. Martin namentlich erwähnt, was das hohe Alter der Moosacher Kirche bestätigt, denn die Verehrung des Bischofs von Tours und die Bindung an eine St.-Peter-und-Paul-Kirche weisen in die frühe Zeit bayerischer Kirchengeschichte zurück.

Im Mittelalter bestand das Dorf Moosach aus vielleicht rund zwei Dutzend Höfen zwischen der Tafernwirtschaft (dem heutigen »Alten Wirt«) und der Kirche beiderseits der alten Straße. 1445 umfaßte Moosach 31 Anwesen, 1500 waren es 35, und 1760 schon 48. Moosach war damit eines der größten Dörfer im »Amt auf dem Gfild« des Dachauer Landgerichts, das bis 1599 seinen Sitz in Feldmoching und dann (nachdem dieses in die Hofmark Feldmoching-Schleißheim einverleibt worden war) bis 1803 in Neuhausen hatte.

Nach der Gründung Münchens verlagerte sich um 1158 der Fernverkehr von der Altstraße mitten durch Moosach auf eine neue Trasse über Neuhausen, Gern, Nederling und vorbei am Westrand des Dorfes nach Dachau und weiter nach Augsburg. Um die Mitte des 13. Jahrhunderts wurde dieser Verkehrsweg wiederum abgelöst durch einen direkten Weg von München nach Moosach, der im Dorfbereich auf der Trasse Darmstädter/Batzenhofer/Quedlinburger Straße verlief. Ab 1750 ließ Kurfürst Max III. Joseph diese Straße zwischen dem Nymphenburg-Biedersteiner Kanal und Moosach begradigen (= die heutige Dachauer Straße).

Im 30jährigen Krieg brannten die Schweden Ende Mai 1632 das ganze Dorf nieder. Lediglich der einzige Steinbau, die Kirche, blieb erhalten. 1634/35 wütete die Pest in und um München. Moosachs Einwohnerzahl sank durch Kriegseinwirkungen, Hungersnöte und Krankheiten bis 1648 auf unter 20 Prozent des Vorkriegsstandes. Mit einem häufig als »letzte Schlacht des 30jährigen Krieges« bezeichneten Scharmützel am 5. Oktober 1648 im Südteil des Dachauer Mooses unweit von Moosach, das eher ein gestörtes Jagdvergnügen der wieder einmal in Dachau liegenden Schweden war, endeten die kriegerischen Auseinandersetzungen. Der Wiederaufbau Moosachs zog sich mehrere Jahrzehnte hin.

Die Hofmark Moosach 1686–1800

Ab der Mitte des 14. Jahrhunderts finden sich zunehmend Münchner Bürger als Grundherren in Moosach. Je bedeutender und einflußreicher diese Bürger waren, desto leichter gelang es ihnen im Lauf der Zeit, besondere Rechte für ihren Besitz rund um München zu erlangen. So bekam in der zweiten Hälfte des 16. Jahrhunderts das mit Ausnahme des einschichtigen Guts des Klosters Fürstenfeld bisher noch mit der Niedergerichtsbarkeit geschlossen zum Landgericht Dachau gehörige Moosach die ersten Ausnahmen: Es begannen sich auf zwei Besitzkomplexen Edelsitze herauszubilden, auf denen die Eigentümer die niedere Gerichtsbarkeit selbst ausüben durften.

Mit den Gebrüdern Maximilian (1647–1708) und Veit Adam Pelkoven (1649–1701) begann schließlich die Geschichte der Hofmark Moosach: Ihnen verlieh Kurfürst Max II. Emanuel am 10. Mai 1686 die Niedergerichtsbarkeit über das ganze Dorf. Die Pelkoven bauten sich unweit der St.-Martin-Kirche ein Schloß, ließen für die Tagelöhner Söldenhäusl errichten und unternahmen entsprechend der 1681 von Kurfürst Max Emanuel publizierten Schulordnung seines Vaters, Kurfürst Ferdinand Maria, von 1659 den ersten Versuch mit einer Schule in Moosach. Veit Adam von Pelkoven (1687 wurden die Pelkoven in den Freiherrnstand erhoben), ein bedeutender Kanoniker am Freisinger Dom, stiftete am 21. Februar 1695 ein Benefizium für Moosach, ausgestattet mit beträchtlichem Vermögen, Kapelle und eigenem Benefiziatenhaus. Bis 1803 versahen insgesamt 13 Benefiziaten (allesamt Bartholomäer-Weltpriester) im Auftrag oder in Vertretung des Feldmochinger Pfarrers Seelsorgedienste in Moosach. Nach dem Tod des letzten Benefiziaten Johann Martin Schmid am 14. Oktober 1803 wurde das Benefizium am 31. Oktober 1803 mit der Pfarrei Feldmoching vereint. Das Benefiziatenhaus ging zwei Jahre später in Privatbesitz über und wurde 1808 abgebrochen.

Die Söhne des kurbaier. Truchseß und Hofrats, ab 1701 kurfürstl. Revisionsrats Maximilian von Pelkoven müssen offensichtlich mit der vom Vater vorgenommenen Aufteilung der Erbschaft nicht ganz zufrieden gewesen sein, denn kaum war Max Franz Joseph (1689–1749) volljährig, tauschte er 1722 die Hofmark Teising gegen das von seinem Bruder Johann Ernst Kajetan Anton (vor 1689–1740) geerbte Moosach ein, verkaufte es aber schon wenige Monate später an den kurfürstl. Hofkammerrat Johann Baptist von Ruffin (1672–1749), womit die eigentlich nur den Pelkoven verliehenen Hofmarksrechte erloschen waren.

1723 kaufte der kurfürstl. Hofkammerrat Johann Eberhard Neuroth (1676–1738) die vermeintliche Hofmark und fühlte sich fortan auch ganz als Hofmarksherr. Da Neuroth der städtischen Kommission angehörte, die auf Befehl von Kurfürst Karl Albrecht die noch unter dessen Vater Max Emanuel 1724 bestimmte neue Münchner Burgfriedensgrenze festzulegen und mit neuen Burgfriedenssäulen zu markieren hatte, ließ er 1725 durch den ebenfalls daran beteiligten kurfürstl. Geometer Mathias Bauer auch einen »Grundris und Ausmessung aller Grundstuik der Adelich Neurotischen Hofmarck Moosach« anfertigen. Dieser erste zuverlässige Plan Moosachs gibt uns hervorragend Auskunft über die damaligen Grundbesitzverhältnisse sowie Hof- und Grundstücksgrößen. Zehn Jahre später kam man allerdings darauf, daß Neuroth die Hofmarksrechte zu Unrecht ausübte. Als er 1738 starb, wurde die Hofmark offiziell eingezogen. Für die Jahre 1738 bis 1746 sind die Eigentümer des Sitzes Moosach nicht feststellbar.

1746 kaufte der kurbaier. Kämmerer, Hofrat und Kastner zu Aibling, Johann Maximilian Joseph Mansnet Ignaz Freiherr von Burgau († 1757), den Sitz. 1748 schaffte er es, die Hofmarksrechte über Moosach neu verliehen zu bekommen. Burgau war aber der mit Abstand miserabelste Hofmarksherr in Moosach, da er nur herausholte, was herauszuholen war, sich aber ansonsten um nichts kümmerte. 1750 stieß der 1748 sogar zum Grafen erhobene Burgau die Hofmark Moosach an Maria Ignatia Gräfin von Hörwarth, geborene Freiin von Gumppenberg (1717–78) ab, die sich allerdings bis 1755 auch erst die Hofmarksrechte erstreiten mußte.

Die Gräfin war jedoch nach den Pelkoven diejenige Hofmarksherrin, die am meisten für Moosach getan hat. Mehrere »hochherzige« Spenden für die im 30jährigen Krieg ruinierte Kirche ermöglichten deren neue Ausgestaltung in barockem Stil, wobei sie sich 1758 auf dem Deckenfresko »Die Glorie des hl. Martinus« von dem Wolfratshauser Maler Johann Martin Heigl († 1776), einem Schüler und Mitarbeiter des berühmten Johann Baptist Zimmermann (1680–1758), verewigen ließ. Einen neuen Hochaltar und zwei Seitenaltäre schuf der aus Tölz stammende renommierte Bildhauer Joseph Anton Fröhlich († 1790?). Das Beispiel der Gräfin war Anreiz zu weiteren Spenden der Moosacher Bauern zur Kirchenausgestaltung Mitte des 18. Jahrhunderts. »Nitweniger hat die Gmain Mosach zu diesem Bau an Gelt Beygetragen.«

So finden wir auf dem großen Deckengemälde in der alten Moosacher St.-Martin-Kirche aufgrund einer großen Spende die verwitwete Maria

»Schloß Mosa«, Kupferstich von Michael Wening, 1701; älteste Abbildung Moosachs.

Rieger mit ihrem verstorbenen Mann Michael verewigt (die Rieger saßen seit 1663 auf dem größten Moosacher Hof). Aus dem Jahr 1761 stammt das eiserne Abschlußgitter unter dem Sängerchor, wiederum gestiftet von Maria Rieger, die für die Kirchenausstattung noch öfter in ihr Säckel griff. Als bis 1764 der Chor umfangreich renoviert und ausgestaltet wurde, ließ die Hofmarksherrin über dem Chorbogen ein Allianzwappen der beiden Geschlechter der Hörwarth zu Hohenburg (Lenggries) und der Gumppenberg (Pöttmes) anbringen. Auslösendes Moment für diese Maßnahme mag wohl auch gewesen sein, daß mit ihrem Mann Johann Michael von Hörwarth am 26. August 1763 der letzte des Stammes derer von Hörwarth-Steinach verstorben und die Ehe kinderlos geblieben war. 1764 wurde auch die St.-Anna-Kapelle abgebrochen und erweitert

wurde allerdings der kurfürstl. Hofkammerrat Johann Nepomuk von Krenner mit einem umfassenden Bericht über die Rechtslage in Moosach beauftragt, der schließlich 1800 zur endgültigen Einziehung der Hofmark führte. Das Dorf gehörte fortan wieder mit allen Rechten und Pflichten zum Landgericht Dachau.

Links: Maria Ignatia Gräfin von Hörwarth, geborene Freiin von Gumppenberg (1717–78), Hofmarksherrin zu Moosach 1750–67, mit einer Dienerin; Ausschnitt aus dem Deckengemälde in der alten Moosacher St.-Martin-Kirche von Johann Martin Heigl, 1758.

Rechts: Die Moosacher Bäuerin Maria Rieger, großzügige Stifterin zur Ausgestaltung der Moosacher Kirche, mit ihrem (vermutlich 1757) verstorbenen Mann Michael; Ausschnitt aus dem Deckengemälde in der alten Moosacher St.-Martin-Kirche von Johann Martin Heigl, 1758.

wieder aufgebaut. Sie war eine Stiftung von Moosachs bedeutendstem Sohn, dem Dichterkomponisten Johann Khuen (1606–75), der die deutsche Musikgeschichte im Barock mit dem Monodismus (dem instrumental begleiteten Einzelgesang; siehe S. 24) nachhaltig beeinflußt hat.

Unter der Gräfin Hörwarth wurde zwischen 1760 und 1765 ein neuer Anlauf mit einer Schule in Moosach unternommen, die immerhin bis 1805 Bestand hatte. 1767 verkaufte jedoch die Gräfin Hörwarth – der ständigen Auseinandersetzungen um die Hofmarksrechte überdrüssig – Moosach an den wirkl. Kommerzienrat Maximilian Fortunat von Unertl, der sofort in die Streitereien mit den Behörden einstieg und sie recht spitzfindig fortsetzte. Doch Unertl starb schon ein halbes Jahr später. Moosach ging nun auf die Witwe Maria Rosa von Unertl (1725–89) über, die gleichfalls keine Möglichkeit ausließ, sich mit dem Landgericht Dachau und der Hofkammer in München anzulegen. So erreichte sie es dann doch tatsächlich 1770, die Hofmarksgerechtigkeit zu erlangen, verhinderte aber zeitlebens die genaue Festlegung ihrer Rechte. Da sie jedenfalls die Hofmarksrechte nur für sich auf Lebenszeit erhalten hatte, ging ihr Erbe nach ihrem Tod 1789, ihr Schwiegersohn Benno Ignaz von Hofstetten (1748–1811), in dieser Beziehung leer aus. Selbst Jurist, maßte er sich jedoch weiter die Hofmarksrechte in Moosach an. 1797

Die Reformen in der ersten Hälfte des 19. Jahrhunderts

Mit dem Beginn des 19. Jahrhunderts brach eine Fülle von politisch-administrativen, sozialen und wirtschaftlichen Veränderungen herein. Ursache waren nicht so sehr die aus dem alten Jahrhundert herübergeschleppten Koalitionskriege der Napoleonzeit, unter denen auch wieder das an einer sehr wichtigen Fernverbindungsstraße liegende Moosach besonders schwer zu leiden hatte, als der durch die Französische Revolution von 1789 in Gang gekommene Umschwung und die nachfolgende Liberalisierung, die allerdings schon etwas früher einsetzende Aufklärung, die durch Napoleon verursachte politische Neuordnung Europas und die durchgreifende Verwaltungsreform in Bayern. Die damit verbundenen Ordnungsmaßnahmen führten zu einer Art gemeindlicher Selbstverwaltung mit polizeilichen Aufgaben und Armen- und Schulwesen.

Als 1803 so auch für die Stadt München das Stadtgericht und für die umliegenden Orte das Landgericht München gebildet wurde, zu dem u.a. das Amt Neuhausen mit Moosach aus dem Landgericht Dachau kam, endete gleichzeitig eine jahrhundertelange Bindung an diesen für die Volkskultur im Ort bedeutsamen altbairischen Bereich. Denn dachauerisch waren hier wie im gesamten Norden und Westen des heutigen München, also in mehr als der Hälfte des Stadtgebiets, die Tracht, die Mundart, das Brauchtum, die Volksmusik und die Hausbauweise. Hier machten sich im Verlauf der nächsten Jahrzehnte zunehmend die Einflüsse aus der nahen, stetig wachsenden Stadt bemerkbar. Als nach den ersten Eingemeindungen 1854 von Giesing, Au und Haidhausen das Landgericht rechts und das Landgericht links der Isar gebildet wurden, kam Moosach zu letzterem. 1862 erfolgte eine Trennung von Verwaltung und Justiz: Für die Verwaltung wurden Bezirksämter eingerichtet (aus denen 1939 die Landkreise hervorgingen) und für die Justiz (Zivil- und Strafgericht) die Stadt- bzw. Landgerichte (seit 1879 Amtsgerichte, die Landgerichte wurden Berufungsgerichte). In den grundherrschaftlichen Verhältnissen ergaben sich Änderungen größten Ausmaßes durch die Säkularisation 1803, als die Klöster und Stifte aufgelöst und ihre Gerichtsrechte aufgehoben wurden. Zwischen 1802 und 1806 erfolgte in Moosach außerdem die Verteilung von etwa 430 Tagwerk (= ca. 146,5 Hektar) Gemeindegründe an die Moosacher, was nicht ohne Streit abging.

Da man zur Schaffung eines neuen Grundbesteuerungssystems 1808 die Landgerichtsbezirke in Steuerdistrikte unterteilen ließ, sollten zugleich damit auch politische Gemeinden formiert werden, die sich möglichst mit den Pfarr- und Schulbezirken (der Pfarrer war zugleich Schulinspektor) deckten, was in Moosach nicht der Fall war. Zu diesem Steuerdistrikt Moosach kamen 1808 auch die 1802 gegründete Kolonie Ludwigsfeld, die zur einstigen Hofmark Moosach nicht gehörigen landesherrlichen Fasanerien Hartmannshofen und Oberer Fasangarten sowie der Weiler Nederling (bisher Neuhausen). Auch die Hausnummern gehen auf die Bildung der Steuerdistrikte zurück; bis dahin gab es auch in Moosach nur die Hausnamen, die – wiewohl Jahrhunderte älter – erst 1752 offiziell eingeführt worden waren.

Ausschnitt aus dem Gemälde »Kurfürst Karl Albrecht und Kurfürstin Maria Amalia mit der Hofgesellschaft bei der Falkenbeize am sog. Vogelhaus« (die am 29. Juni 1741 stattgefunden hat) von dem kurf. Hofmaler Peter Jakob Horemans (1700–76) aus dem Jahr 1772 im Jagdzimmer der Amalienburg; in der Bildmitte Moosach mit der St.-Martin-Kirche, dahinter München.

Da die Finanzlage des (seit 1806) Königreichs Bayern sehr schlecht war, sollte 1807 eine Konzentrierung der Steuererhebung erfolgen. Bis dahin gab es in Bayern jedoch kein genaues zusammenhängendes Kartenwerk, das als Grundlage einer einheitlichen, gerechten Besteuerung des Bodens hätte dienen können, weshalb nun mit Nachdruck eine

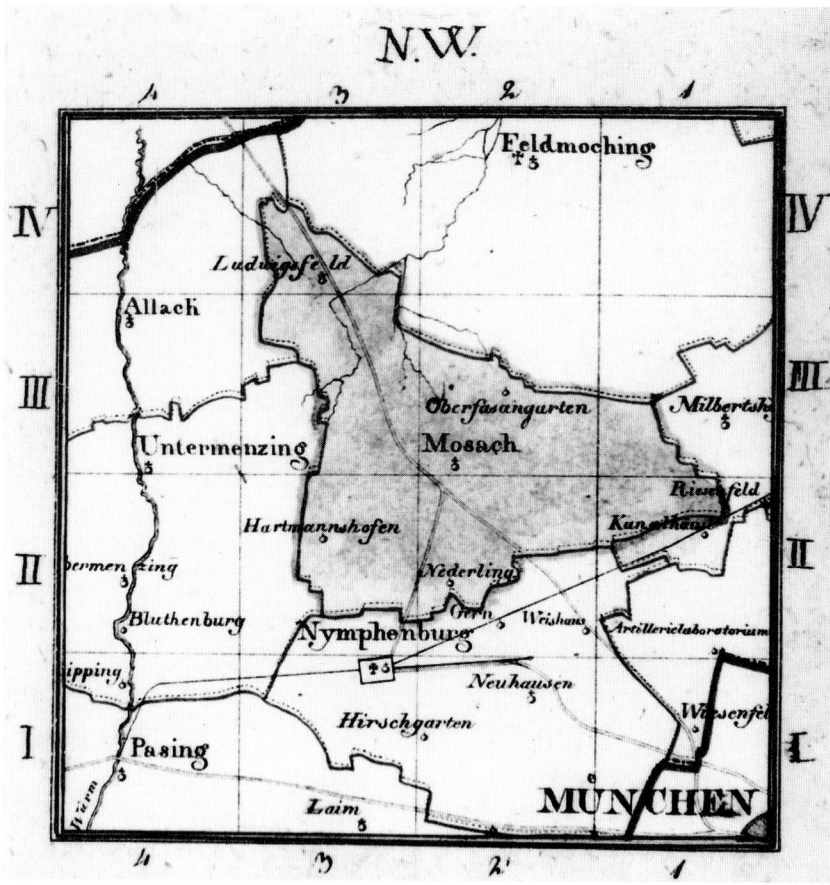

Umfang des Steuerdistrikts Moosach 1808–18; aus dem Kataster Nr. 12368 des Steuerdistrikts Moosach 1812.

Landesvermessung betrieben wurde. Die Vermessung des Steuerdistrikts Moosach erfolgte 1809. Das Ergebnis erhielt seinen Niederschlag in dem neuen Rustikal- und Dominikalsteuerkataster, dessen Arbeiten 1812 abgeschlossen waren. Moosach bestand zu diesem Zeitpunkt aus genau 50 Gebäuden, von denen 22 noch ausschließlich aus Holz gebaut waren. Durch die auch in Moosach häufigen Umschreibefälle und durch die mangels technisch ausgereiften Vermessungsgeräts und ausreichenden geodätischen Wissens auftretenden Differenzen wurde 1857/58 eine neue amtliche Vermessung notwendig. Der dabei neu angelegte Grundsteuerkataster für Moosach war Ende 1861 fertiggestellt. Die damals festgelegten Flurstück-Nummern gelten heute noch. Die 1808 in Moosach eingeführten und erst 1857 revidierten Hausnummern wurden schon 1861 wieder geändert.

Auch die soziale, gesellschaftliche und wirtschaftliche Umstrukturierung fand im wesentlichen erst in der Mitte des 19. Jahrhunderts ihr Ende. Das Steuerwesen war grundlegend reformiert und die Naturalabgaben waren durch feste Geldbeträge ersetzt. 1848 fand auch die Änderung der Eigentumsverhältnisse weitgehend ihren Abschluß, der sich durch die Ablösung der herrschaftlichen Grundbesitzverhältnisse ergab. Nunmehr war in der Regel der Anwesensbesitzer auch der Eigentümer der von ihm bewirtschafteten Liegenschaften.

Die Gemeinde Moosach 1818–1913

Das II. Gemeindeedikt von 1818 brachte schließlich die Bildung der politischen Rural(=Land)gemeinde Moosach. Bei der ersten Gemeindewahl wählten die Moosacher den Ludlbauern Peter Spiegl zu ihrem ersten Gemeindevorsteher (bis 1826). Bis zur Eingemeindung nach München amtierten insgesamt acht Gemeindevorsteher und (ab 1869) sechs Bürgermeister.

Diese Gemeinde Moosach war anfangs fast doppelt so groß wie zur Eingemeindung 1913. Bevor es 1818 eine eigene Gemeinde wurde, gehörte im Norden sogar Ludwigsfeld dazu, das sich 1882 noch einmal eine Fläche von 129 ha von Moosach holte. Im Osten lagen auf dem Oberwiesenfeld die Grenzen Moosachs entlang der heutigen Riesenfeldstraße (womit das BMW-Werk auf einstmaliger Moosacher Flur liegt) bzw. zwischen dem Bahn-Nordring und einer Linie zwischen Olympiastadion und der Eissporthalle. 1839/40 wurde der erste Teil davon etwa östlich des heutigen Hochschul-Sportzentrums an Milbertshofen abgetreten; 1913 folgte der Moosacher Hart zwischen der alten Landshuter Bahntrasse und der Lerchenauer/Moosacher Straße; und 1924 wurde schließlich auch noch der restliche Teil östlich dieser Bahn nach Milbertshofen (inzwischen 27. Münchner Stadtbezirk) umgemarkt. Im Süden hatte sich die Kgl. Haupt- und Residenzstadt München schon 1896 eine Fläche für den Westfriedhof einverleibt und zehn Jahre später eine weitere für das neue Gaswerk.

In den letzten Jahrzehnten des 19. Jahrhunderts drängten die Münchner in die Vororte, so auch nach Moosach, wo am Rand des Altdorfes die ersten Bürgerhäuser entstanden. 1825 hatte Moosach 325 Einwohner, 1855 539, 1900 1448 und 1910 2515. Vereine kamen auf, wobei sich die ersten Gleichgesinnten in Moosach 1873 im Veteranen- und Kriegerverein zusammenfanden. Verhältnismäßig spät im Vergleich zu den Nachbarorten, nämlich erst 1879, wurde die freiwillige Feuerwehr gegründet, wohl deshalb, weil es in Moosach eine relativ gut funktionierende Pflichtfeuerwehr gab.

Am 1. Juli 1913 endete die Selbständigkeit Moosachs mit der Eingemeindung in die Kgl. Haupt- und Residenzstadt München. Die große Eingemeindungsfeier fand bereits am 29. Juni statt, wobei der 1910 gegründete Männergesangverein Moosach sinnigerweise das Lied »Muß i denn zum Städtele hinaus...« sang, wo doch die Moosacher sich freuten, daß sie endlich drin waren!

Der Moosacher Gemeindeausschuß trat am 29. Juni 1913 zu seiner letzten Sitzung vor der Eingemeindung nach München zusammen und ließ sich unter dem Bild von Prinzregent Ludwig (erst ab 5. November 1913 König Ludwig III.) fotografieren; in der Mitte der letzte Bürgermeister der Gemeinde Moosach (1879–81 und 1902–13) Valentin Netzer (1848–1918), links stehend in Uniform der Gemeindediener Georg Fichtner.

Wohnblöcke statt Bauernhöfe

Noch vor dem Ersten Weltkrieg (1914–18) wurden die ersten größeren Mietshäuser an der Feldmochinger, Gärtner- und Sigmund-Schacky-Straße gebaut, wie sich überhaupt die Bautätigkeit jener Zeit hauptsächlich entlang der (alten) Feldmochinger (heute im Nordteil Bingener) und nur vereinzelt an der Dachauer Straße entfaltete. Seit der Jahrhundertwende wuchs auch in Moosach wie in anderen Münchner Vororten eine »Kolonie« heran, die Kolonie »Fasanerie Moosach« an der nördlichen Gemeindegrenze zu Feldmoching, auf dessen Gebiet bald die unmittelbar anschließende Kolonie »Fasanerie-Nord« entstand. Im Ersten Weltkrieg kam dann die Bautätigkeit infolge des Arbeiter- und Baustoffmangels zum Erliegen. Nach dem Krieg versuchte man es erst einmal in der »Lehrkolonie« an der Hanauer Straße mit Ersatzbaustoffen. In den zwanziger Jahren kamen neue Siedlungen am Eggarten und in Hartmannshofen hinzu, ebenso 1924–29 die Borstei; die vorstädtische Kleinhaussiedlung »Zur Grünen Eiche« entstand 1931–33; die »Reichskleinsiedlung Moosach« folgte 1932–34 auf dem südlichen Gelände der Kupfer- und Messingwerke Moosach beiderseits der Gröbenzeller Straße, 1935–37 die »Wimmer-Siedlung« an der Bielefelder Straße, 1939 die »Münch-Siedlung« an der Rothschwaigestraße, und 1941–43 baute die »Neue Heimat« mehrere Wohnblöcke an der Gube-, Karlinger- und Baubergerstraße, 1957 um vier weitere Blöcke vergrößert.

Die Bautätigkeit nach dem Zweiten Weltkrieg (1939–45) begann – abgesehen wie schon bisher von den vielen einzelnen Einfamilienhäusern – mit den 21 mehrstöckigen Wohnhäusern an der Bautzener, Brieger und Zittauer Straße in Hartmannshofen, gefolgt von der städtischen Wohnanlage Maria-Ward-(heute Hugo-Troendle-)/Dachauer/Welzenbachstraße, die in zehn Bauabschnitten mit insgesamt 88 mehrstöckigen Wohnhäusern 1953–58 hochgezogen wurde. 1954–57 entstand an der Bauberger-/Röth-/Ernst-Platz-/Karl-Lipp-Straße eine weitere Siedlung mit 42 mehrstöckigen Wohnhäusern.

Die Bautätigkeit in den sechziger Jahren erstreckte sich auf kleinere Maßnahmen. Die in der Geschichte Moosachs größte Wohnbaumaßnahme wurde dann vor den Olympischen Spielen 1972 die Olympia-Pressestadt mit anfangs 900 Wohnungen zwischen der Hanauer Straße und dem alten Landshuter Bahngleis, an dem nun sogar ein leider nur vorübergehend benutzter S-Bahnhof »Olympiastadion« errichtet wurde. Hier stehen ein 22 Stockwerke hohes Wohnhaus wie ebenso zweigeschossige Reihenhäuser.

Gleichzeitig entstand inmitten der Pressestadt das riesige »Olympia-Einkaufs-Zentrum« (OEZ) mit 60 Einzelhandelsgeschäften und zwei Kaufhäusern, mit Parkplatz für 3 000 Pkws, Restaurant, Café, Bank, Tankstelle, Privatklinik und Ärztehaus – damals das größte Shopping-Center Europas. 1984 und 1987 wurde das OEZ, das einmal der Mittelpunkt des von der Stadt geplanten Stadtteil-Zentrums Moosach-Lerchenau werden sollte, erweitert und umgebaut. 1993 und 1994 erfolgte eine gründliche Umgestaltung des Einkaufszentrums, wobei unter anderem 6 000 Meter Ladenstraße und Decke erneuert und die Ladenfläche nochmals aufgestockt wurden. Nach diesen Maßnahmen verfügt das OEZ auf einer Fläche von 46 000 qm über vier Warenhäuser und mehr als 100 Fachgeschäfte, die insgesamt über 2 000 Mitarbeiter beschäftigen.

Während es nun in den siebziger Jahren zu keiner weiteren größeren geschlossenen Baumaßnahme in Moosach mehr kam, stand der Dorfbereich selbst unter erheblichem Entwicklungsdruck. Ein altes Gebäude nach dem andern mußte einem mehrstöckigen Frontbau weichen. Ansonsten verlagerte sich das Baugeschehen hauptsächlich in das Gebiet nördlich des Altdorfes zwischen Feldmochinger Straße und Bahnlinie München–Landshut, wo außer dem Schulzentrum an der Merseburger/Gerastraße zahlreiche Ein- und Mehrfamilienhäuser errichtet wurden.

Ab 1982 wurde in Nederling auf einer 15 ha großen Fläche zwischen Wintrichring, Nederlinger, Volpini- und Hanfstaenglstraße eine moderne Siedlung mit 380 neuen Wohnungen auf ehemalige Äcker gesetzt. Die gleiche Zahl Wohnungen ermöglichte 1985 ein neuer Bebauungsplan für den Bereich Naumburger/Jakob-Hagenbucher-/Dresdner Straße auf einer Fläche von 9,3 ha. Überraschenderweise wurde dann in den frühen neunziger Jahren auch fast der ganze Bereich südlich des Rangierbahnhofs zwischen der Merseburger, Feldmochinger und Torgauer Straße trotz der vorher heftig beklagten Auswirkungen dieses Projekts mit mehrstöckigen Wohnbauten zugebaut.

Vom Benefizium zur Pfarrei

Etwas problematisch gestaltete sich in Moosach im 19. Jahrhundert die Seelsorge, weil das Dorf über keinen eigenen Pfarrer verfügte. Nach der Vereinigung des Pelkoven-Benefiziums 1803 mit der Pfarrei Feldmoching mußte der dortige Pfarrer, sein Kooperator oder ein anderer Hilfspriester jeweils extra in die Filiale Moosach kommen, um die kirchlichen Handlungen zu vollziehen – oder die Moosacher ins fast 5 km entfernte Nachbardorf gehen. Das klappte nicht immer so, wie es die Moosacher haben wollten, und deshalb betrieb man bald die Errichtung einer eigenen Pfarrei. 1905 kam es immerhin zur Errichtung der Expositur St. Martin unter dem ersten Expositus Lorenz Obermair, zuletzt selber Kooperator bei St. Peter und Paul in Feldmoching. 1909 folgte dann endlich die kanonische Errichtung der Pfarrei St. Martin in Moosach, deren erster Pfarrer Lorenz Obermair wurde.

Schon 1899 hatte man einen Kirchenbauverein gegründet, da sich die alte St.-Martin-Kirche aufgrund des raschen Anwachsens der Einwohnerzahl als zu klein erwies. Diese romanisch-gotische St.-Martin-Kirche mit ihrer barocken Innenausstattung war 1910 sogar zwischenzeitlich vom Abbruch bedroht. 1914 konnte der Kirchenbauverein den Grund an der Leipziger Straße erwerben. 1918 wurde ein Wettbewerb für die neue Kirche ausgeschrieben, bei dem nicht weniger als 67 Entwürfe eingingen. In den Jahren ab 1921 forcierte der zweite Pfarrer in Moosach, Josef Knogler, der 44 Jahre der Pfarrei vorstehen sollte, den Bau einer neuen Kirche, die schließlich in der schweren Zeit der Inflation gebaut und 1924 geweiht wurde. Da aber die Zahl der Einwohner immer weiter wuchs (1925 waren es schon 3 570), spalteten sich bald neue Pfarreien von St. Martin ab, wie St. Raphael in Hartmannshofen, das 1926 eine Notkirche, 1932 einen modernen Neubau, gleichzeitig den Status einer Pfarrkuratie und letztlich 1945 den einer Stadtpfarrei erhielt. Ab Mai 1932 bekamen auch die Siedler am Eggarten eine hölzerne Notkirche unter dem Patronat des hl. Thaddäus, die aber schon im November 1939 wegen des geplanten Verschiebebahnhofs München-Nord wieder abgebrochen werden mußte.

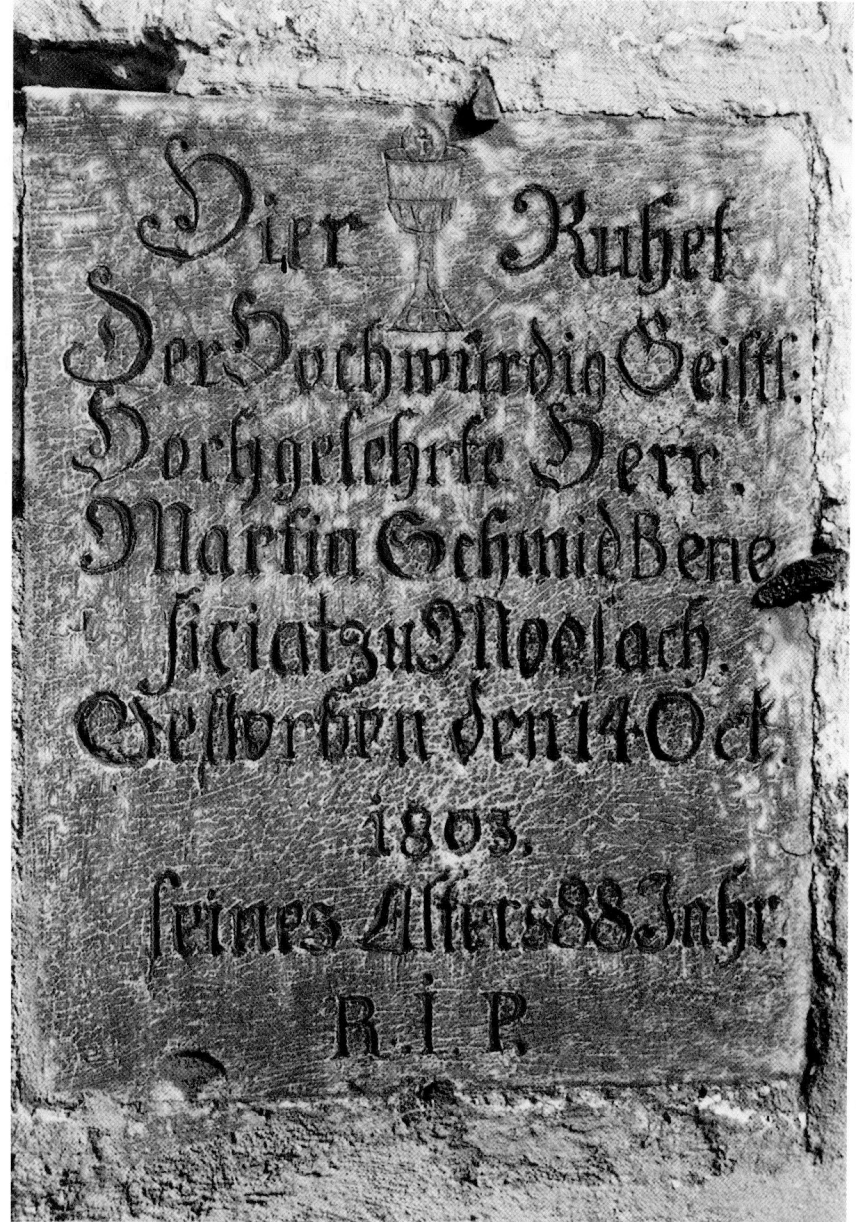

Grabstein des letzten Moosacher Benefiziaten Johann Martin Schmid († 14. Oktober 1803) an der Südwand der alten St.-Martin-Kirche.

Unweit des Altdorfes selbst, am Wintrichring, wuchs von 1965 bis 1967 die neue St.-Mauritius-Kirche in die Höhe, 1968 zur Pfarrei erhoben. 1972 wurde an der Angerlohe die Maria-Trost-Kirche eingeweiht. Und 1975 schließlich konnte die Pfarrei St. Martin in ein neues Pfarrzentrum mit Kindergarten, Pfarrheim und Personalwohnheim am Chemnitzer Platz einziehen.

Im 19. Jahrhundert hatte auch der Zuzug von Protestanten nach Moosach eingesetzt, die sich ab 1926 in einem Betsaal in der Gascho-Villa Ecke Pelkoven-/Hirschstraße zusammenfanden, bis 1958 die Heilig-Geist-Kirche an der heutigen Hugo-Troendle-Straße gebaut und geweiht wurde. 1932 erhielten die evangelischen Christen in Hartmannshofen und Neulustheim eine Notkirche, die 1960/61 an der Lechelstraße durch den Neubau der Bethlehemskirche ersetzt wurde. Eine zweite Moosacher Pfarrstelle wurde 1972 für das Olympische Dorf und die Olympia-Pressestadt geschaffen, und im selben Jahr weihte man an der Ecke Ries-/Hanauer Straße ein neues evangelisches Gemeindezentrum ein. Wenn auch schon früher im Olympischen Dorf Gottesdienste gefeiert wurden, so dauerte es doch bis 1974, ehe der Münchner Erzbischof und der Bayerische Landesbischof das katholische und evangelische Kirchenzentrum Frieden Christi gleichzeitig offiziell ihrer Bestimmung übergaben.

Von der Winkelschule zum Schulzentrum

Nachdem 1805 die Moosacher Winkelschule endgültig geschlossen worden war, mußten die Kinder bis nach Ludwigsfeld zur Schule gehen. Erst 1840 nahm Lehrer Josef Fodermayer den Betrieb in einem Schulneubau Ecke Pelkovenstraße/Moosacher St.-Martins-Platz auf; gleichzeitig wurde die Ludwigsfelder Schule geschlossen. 1887 wurde das Schulgebäude nach Westen hin erweitert, war aber dennoch schon bald wieder zu klein. So entstand dann 1900/01 an der Schulstraße (heute Leipziger Straße) ein Neubau, der wiederum bereits 1913 erweitert werden mußte. In die alte Schule an der Pelkovenstraße zog später die Feuerwehr ein, bis 1978 deren Neubau Ecke Feldmochinger/Dachauer Straße fertig wurde. Die alte Schule, zuletzt Freizeitheim für 18- bis 25jährige, wurde 1980 abgebrochen. 1924/25 wurde die Schule an der Leipziger Straße noch einmal umgebaut und erweitert. Der älteste Bauteil fiel 1944 Sprengbomben zum Opfer; der Wiederaufbau kam erst 1953–55 zustande.

Der rasche Bevölkerungsanstieg nach dem Zweiten Weltkrieg bedingte den Bau weiterer Schulen in Moosach. So bekam 1955/56 Hartmannshofen an der Haldenbergerstraße eine eigene Schule, und für die neuen städtischen Wohnblöcke südlich der Dachauer Straße folgte 1961–63 ein Schulneubau am Amphionpark. Auch die Olympia-Pressestadt erhielt 1972 an der Dieselstraße eine Schule mit Tagesheim und Kindertagesstätte. In den Gebäudekomplex des Olympia-Pressezentrums an der Riesstraße zog ein Berufsbildungszentrum ein. 1977 eröffnete (nach hartem Ringen und nach einem Provisorium an der Allacher Straße) das Schulzentrum an der Merseburger/Gerastraße, das über Haupt- und Realschule sowie Gymnasium verfügt (Baukosten 58 Millionen DM).

Der Bahnbau – spät, aber reichlich

Im 19. Jahrhundert setzte auch die Entwicklung der Schienenwege und der Ausbau der Straßen ein. Bisher hatte Moosach lediglich an der Postkutschenroute München–Dachau–Schwabhausen–Augsburg gelegen. Auch die 1858 von der »Kgl. privilegierten Actiengesellschaft der bayerischen Ostbahnen« in Betrieb genommene Strecke München–Landshut brachte Moosach zunächst noch keinen Bahnhof, da die Bahntrasse weit östlich des Dorfes im Bereich der heutigen Landshuter Allee verlief und die Züge zwischen dem »Ostbahnhof« neben dem Münchner Centralbahnhof und Feldmoching keinen Halt machten. Erst als ab 1890 die Gleise westlich des Nymphenburger Schloßparks verlegt wurden, bekam Moosach 1892 seinen Bahnhof. Auf der Trasse der ehemaligen »Ostbahn« betrieb ab 1897 das k. b. Eisenbahnbataillon von den Kasernen an der Dachauer Straße bis zum Schießplatz in Freimann eine »Militärbahn«. 1900 begann der Bau der Lokalbahn Moosach–Milbertshofen–Schwabing, die im Jahr darauf in Betrieb ging. 1909 fand diese Verbindung ihre Fortsetzung über Freimann und Johanneskirchen zum Ostbahnhof in Haidhausen. 1910 folgte noch auf der ehemaligen Ostbahntrasse die Verbindung Feldmoching–Milbertshofen.

Dann war eine Weile Ruhe mit dem Bahnbau. Zwar war schon 1927 in einer Besprechung verschiedener Reichsbahnstellen festgelegt worden, neben den beiden Rangierbahnhöfen München–Laim (erbaut 1890–92) und München-Ost (erbaut 1896 bzw. 1920/21) einen Zentral-Rangierbahnhof in der Gegend von Milbertshofen zu bauen, aber es dauerte noch bis 1938, ehe entschieden wurde, bei der Friedenheimer Brücke in Laim einen neuen Hauptbahnhof und nördlich von Moosach zwischen Allach und Milbertshofen einen neuen Rangierbahnhof zu errichten. Dazu erwies es sich als notwendig, den Nordring auszubauen. Bereits 1939 war die Betriebsöffnung der »Güterumgehungsbahn« Olching–Ludwigsfeld–Milbertshofen(–Trudering). Zwischen Moosach und Ludwigsfeld wuchs an der Dachauer Straße 1940–43 ein sog. Baugüterbahnhof heran zur Aufnahme der Güterzüge für die großen Bauvorhaben der Deutschen Reichsbahn und des Generalbaurates im Rahmen der Umgestaltung der »Hauptstadt der Bewegung«.

Die Bahn veränderte ab 1939 die Landschaft zwischen Moosach und Feldmoching mit ihren Kiesentnahmestellen und der Kiesaufschüttung für den ursprünglich höhergelegen geplanten Rangierbahnhof derart, wie es seit der letzten Eiszeit vor fast hunderttausend Jahren nicht mehr geschehen war. Dafür mußten die Kolonie Fasanerie Moosach und der Obere Fasangarten mit seinem schönen Wald und der beliebten Ausflugsgaststätte verschwinden. Insgesamt sollten 12,5 Millionen Kubikmeter Kies bewegt werden, bis zur kriegsbedingten Arbeitseinstellung Anfang 1942 waren jedoch erst 5,5 Millionen Kubikmeter zwischen dem Eggarten und dem Allacher Forst aufgeschüttet. Auch in der Siedlung Eggarten hatte man im Herbst 1939 mit dem Abbruch der Häuser begonnen, und was hier infolge der Arbeitseinstellung 1942 noch stehen blieb, wurde bis 1945 durch Luftangriffe schwer beschädigt oder gar zerstört. Notierte der Moosacher Pfarrer Joseph Knogler lapidar: »Sperr weg, Thaddäus weg, Eggarten weg, Wald weg.«

1963/64 flammte die Diskussion über das Mammutprojekt, das zum überwiegenden Teil in der Moosacher Gemarkung liegt, wieder auf. Insgesamt war eine zweiteilige Anlage mit Gleisen von 160 km Länge und rund 500 Weichen vorgesehen. Aber aus dem bis spätestens 1966 gesetzten Baubeginn wurde zum zweiten Mal nichts: Die Deutsche Bundesbahn mußte sich statt dessen auf die Planung und den Bau eines S-Bahn-Netzes in der Münchner Region konzentrieren, das dann zu den Olympischen Spielen 1972 in Betrieb genommen wurde. Moosach liegt seither an der S 1 (Kreuzstraße–Ostbahnhof–Marienplatz–Hauptbahnhof–Laim–Oberschleißheim–Freising). Kaum hatte die Bahn dieses Problem bewältigt, tobten ab 1971 erneut heftige Auseinandersetzungen über das Rangierbahnhofsprojekt, nun begleitet von einem »Krieg« der Gutachten.

Schließlich begannen im April 1987 nach einer Entscheidung des Bayer. Verwaltungsgerichtshofes, bei der keine Revision zugelassen wurde, die Bauarbeiten für den Rangierbahnhof am Nordrand Moosachs, während die gerichtlichen und politischen Auseinandersetzungen, vor allem der rund 300 privaten Kläger, weitergingen. Im März 1988 nahm allerdings das Bundesverfassungsgericht in Karlsruhe eine Verfassungsbeschwerde der Stadt München wegen der Nichtzulassung der Revision nicht zur Entscheidung an. Nach gut fünfjähriger Bauzeit ging der (allerdings nur teilweise erstellte) rund 5 km lange und bis zu 420 m breite Rangierbahnhof München-Nord offiziell in Betrieb (bisherige Kosten: rund 500 Millionen DM).

Gewerbe und Industrie

1809 wurde mit Wolfgang Bomeisl aus Heidelberg der erste Unternehmer in Moosach ansässig: Er hatte hier eine Tuchfabrik gegründet, die jedoch später in die Au verlegt wurde. Erst der Eisenbahnanschluß Moosachs 1892 war eine wichtige Voraussetzung für die dann folgenden Industrieansiedlungen. So blieb es in der ersten Hälfte des 19. Jahrhunderts bei den dörflichen Gewerben in Moosach, die es hier zum Teil schon seit Jahrhunderten gab. Das gilt insbesondere für das älteste Dorfhandwerk überhaupt, den Schmied (nachgewiesen um 1500). Ein Wagner taucht in Moosach erst gegen Ende des 17. Jahrhunderts auf, desgleichen ein Zimmermann. Gleich mehrere Anwesen tragen in Moosach einen Hausnamen mit der Verbindung »Weber«, deren es im Dorf jedenfalls im 17. Jahrhundert bereits welche gegeben haben muß. Ein Sattler heiratete 1720 ins Dorf ein. Ein »Schaffler« ist zwar erst 1747 nachgewiesen, in der Hofmarkskarte von 1725 ist aber eine einem »Schafler« vorbehaltene, jedoch gerade nicht besetzte Sölde aufgeführt. Das Schneiderhandwerk blühte hier im 19. Jahrhundert erst richtig auf, dagegen stoßen wir auf den frühesten »Schuemacher« in Moosach bereits ab 1665. Ein Krämer ist erstmals 1735 belegt, neben dem es bald mehrere »Huckler« (Hausierer) und andere Händler gab. 1890 siedelte sich der erste Gärtner auf dem für den Gemüseanbau günstigen anmoorigen Moosacher Boden an, dem bald weitere folgten.

1853 baute Klemens Hilger westlich an das ehemalige Hofmarkschloß Wirtschaftsräume mit einem Saal an und eröffnete das zweite Wirtshaus in Moosach. Zum Unterschied zu der möglicherweise schon seit dem 14. Jahrhundert bestehenden Tafernwirtschaft (»Großwirt«, »beim Bum«, heute »Alter Wirt«) nannte er es »Neuwirt« (mitunter findet sich auch die Bezeichnung »Schloßwirt«). Es war bis etwa 1885 in Betrieb. Seit 1872 bestand das Wirtshaus »Zum Eichelberger« (benannt nach dem Wirt Ludwig Eichelberger ab 1898). Von 1873 bis zum Abbruch 1970 gab es unweit davon das Gasthaus »Fletzinger« (auch »Dampfwirt«, später »Lösch'sches Gasthaus«, dann »Schwaigerwirt« und zuletzt »Zum Kriegerdenkmal«). 1876 eröffnete der »Karlwirt« (seit 1898 »Zum Spiegel«), und bald wurden es immer mehr Wirtshäuser in Moosach.

Nach der Jahrhundertwende drängten – nicht zuletzt wegen dem neuen Gleisanschluß – die ersten Industriebetriebe nach Moosach. 1906 eröffneten an der Netzerstraße die »Süddeutschen Nietenfabriken vorm. Johann Feßler G.m.b.H.« einen Zweigbetrieb mit etwa 70 bis 80 Beschäftigten, der immerhin bereits einen der insgesamt erst 13 Telefonanschlüsse in Moosach hatte. 1915 wurde die Nietenfabrik erweitert, 1917 an Ludwig Flörsheim verkauft und in einem Rüstungsbetrieb zur Herstellung von Granaten umgewandelt, dessen Beschäftigtenzahl auf über 400 emporschnellte. Da der Besitzer jedoch Jude war, wurde der Betrieb 1935 von den Nazis liquidiert; Flörsheim emigrierte in die USA. Auf dem Fabrikgelände zog 1936 die »Kraftverkehr Bayern GmbH« ein (der Gleisanschluß der einstigen Nietenfabrik besteht heute noch).

Der größte und bedeutendste Betrieb, der in Moosach Gleisanschluß suchte, war die »Waggonfabrik Joseph Rathgeber«, der einen solchen für den prosperierenden Wagenbau (Orientexpreß, Schlaf- und Speisewagen, Salonwagen, neue Privat- und Lokal-Bahnen, Straßenbahn- und O-Bus-Aufbauten, Militär-/und andere Spezialfahrzeuge usw.) an der Marsstraße nicht hatte. Sie ließ sich ab 1908 an der Untermenzinger Straße 1 direkt gegenüber dem Bahnhof nieder. Das Werk mußte schon ab 1911/12 und dann immer wieder nach Westen und Norden erweitert werden. In den sechziger und siebziger Jahren ging die einst stolze, aber stets wechselvolle Geschichte dieser Waggonbaufirma von europäischem Rang ihrem Ende entgegen. 1967 wurde zwar in Moosach der Aufbau für den Prototyp der neuen Münchner U-Bahn gebaut, dem sogar 1970 bis 1972 noch weitere U-Bahn-Züge folgten, doch gelang es

Rathgeber nicht, mit den Münchner Verkehrsbetrieben auch bei der U-Bahn so in das Geschäft zu kommen wie früher bei Trambahn und O-Bus. Rathgeber stellte dann auch Rolltreppen, Baugeräte, Türen und Tore her. Nachdem jedoch die Aktienmehrheit an der Waggonfabrik mittlerweile an die Firma »F. X. Meiller Fahrzeug- und Maschinenfabrik KG München« übergegangen war, werden in Moosach heute hauptsächlich Lastwagen-Aufbauten hergestellt.

Nördlich der Waggonfabrik siedelte sich 1913 das »Metallwerk J. Göggl & Sohn München« an. Im Ersten Weltkrieg war auch das Metallwerk ein wichtiger Rüstungsbetrieb, in dem u. a. Infanteriemunition hergestellt wurde und der zeitweilig bis zu 3 000 Beschäftigte zählte. 1921 erfolgte die Umwandlung der Firma in die »Kupfer- und Messingwerke München-Moosach A.G.«, die in der Weltwirtschaftskrise um 1930 heftig gebeutelt wurde. Nach einem Eigentümerwechsel wurde 1931 der südliche Fabrikteil an der Bahn stillgelegt; hier entstand bis 1934 die »Reichskleinsiedlung Moosach«. Seit 1970 ist die Firma Otto Fuchs in Meinerzhagen Alleingesellschafterin. Das inzwischen modernisierte und erweiterte Werk fertigt heute mit etwa 60 Beschäftigten warmgepreßte Formstücke aus allen preßbaren Schwer- und Leichtmetallen für die Auto- und Elektroindustrie sowie Feuerwehrarmaturen.

Auch am Ostrand des Moosacher Gemeindegebiets schossen Industriekomplexe in die Höhe, zumal auch dort über das Militärbahn- bzw. ehemalige Ostbahngleis Bahnanschluß gegeben war. Nördlich der Dachauer Straße entstand 1906–09 Münchens drittes Gaswerk, in den folgenden Jahren immer wieder erweitert, im Zweiten Weltkrieg bei Luftangriffen schwer beschädigt und ab 1948 wiederaufgebaut. Noch 1956 um einen dritten Horizontal-Ofenblock und 1958 um einen neuen Gasbehälter mit 200 000 m^3 Fassungsvermögen erweitert, begann sich durch die zunehmende Verwendung von Erdgas ab 1968 das Bild des Gaswerks zu verändern. 1974 wurden die ehemalige Kohlenmahl- und -misch-Anlage sowie ein 75 m hoher Kamin gesprengt. Noch im selben Jahr wurde der 1910 erbaute 43 m hohe Teleskop-Gasbehälter mit 75 000 m^3 Fassungsvermögen abgebrochen, und im Jahr darauf fiel auch der älteste (1930 erbaute) der beiden Scheiben-Gasbehälter mit 200 000 m^3 dem Schweißbrenner zum Opfer. Am 10. November 1975 folgte das Ende der Stadtgas-Ära: Im Moosacher Gaswerk wurde feierlich die letzte Stadtgasflamme ausgedreht. Fortan gab es nur noch Erdgas in München. Im Herbst 1992 mußte schließlich zu guter Letzt noch der 1958 gebaute 95 m hohe Gaskessel der geplanten zentralen Verwaltung der Stadtwerke weichen.

Nördlich des Gaswerks etablierten sich 1909 bis 1912 die »Chemischen Werke München Otto Bärlocher«, ab 1916 ebenfalls mehrmals erweitert. Sie stellten anfangs verschiedene Produkte des täglichen Bedarfs her, in der Hauptsache Soda, Schuhcreme und Bügelkohlen. Später vertrieb man auch Benzin. Im Lauf der Jahrzehnte änderte sich die Produktionspalette mehrfach. Wegen der Umweltbeeinträchtigungen dieser Fabrik kam es in den siebziger Jahren zu heftigen, zum Teil gerichtlichen Auseinandersetzungen zwischen den Anwohnern, der Stadt München und dem Werk. Zwischen 1978 und 1980 konnten wenigstens die beanstandeten bleiträchtigen Produktionsteile in ein neues Werk in Lingen an der Ems verlagert werden. Über den Cadmiumausstoß und die Geruchsbelästigungen wurde weiter gerungen.

Außerdem war Moosach bald Standort von Lagern mehrerer Mineralölfirmen, und auch viele andere Fabrikations-, Lager- und Speditions-Betriebe wurden in Moosach hauptsächlich in der Zeit zwischen den beiden Weltkriegen und besonders zahlreich nach dem Zweiten Weltkrieg gegründet oder ließen sich hier nieder. Ein Werk sei stellvertretend erwähnt: Ganz im Nordosten Moosachs, auf der Flur Moosacher Hart zwischen dem Exerzierplatz Oberwiesenfeld und der Ringbahn (Ecke heutige Lerchenauer/Moosacher Straße) hatten sich die »Rapp Motorenwerke G.m.b.H.« niedergelassen, die ausgezeichnete Schnellboot- und Flugzeugmotoren herstellten. 1917 gingen aus dieser Firma die »Bayerischen Motorenwerke GmbH« hervor, die 1922 von der »Kunze-Knorr-Bremse-AG« aufgekauft wurden, die ihre neue Tochter in die »Süddeutschen Bremsen AG« umwandelten. Der bisherige Eigner der »Bayerischen Motorenwerke« kaufte die durch den verlorenen Ersten Weltkrieg darniederliegenden »Bayerischen Flugzeugwerke« auf, die sich östlich des Exerzierplatzes auf der bis 1840 zu Moosach gehörigen Flur Riesenfeld befanden, und erwarb von Kunze-Knorr den Firmennamen »Bayerische Motorenwerke« zurück: Das heutige BMW-Werk war gegründet.

Moosach war also bereits in den ersten beiden Jahrzehnten des 20. Jahrhunderts auf dem Weg vom Bauerndorf zur Münchner Arbeitervorstadt. Als sich dann Ende 1918 die Revolution ausbreitete und es Anfang 1919 auch um Moosach zu Kämpfen zwischen den »Roten« (Kommunisten) und »Weißen« (Regierungstruppen) kam, konnte sich der durch und durch patriotische, bayrisch-königlich gesinnte Moosacher Pfarrer Lorenz Obermair mit den politischen Strömungen und Ereignissen nicht mehr abfinden. 1920 entschloß er sich deshalb, sein geliebtes Moosach aufzugeben und sich in eine konservativere Landpfarrei versetzen zulassen – und entschwand nach Beyharting bei Bad Aibling.

Von der Tram-»Fernlinie« zur U-Bahn

1900 hatte die Straßenbahn, von Neuhausen her kommend, immerhin den neuen Westfriedhof erreicht. Das Wachstum der Kasernenkomplexe in Neuhausen erforderte außerdem eine Tram-Verbindung durch die Dachauer Straße bis zur Leonrodstraße, die 1909 in Betrieb genommen wurde. Von hier ab war bereits seit 1912 eine »Fernlinie« nach Moosach geplant, aber erst 17 Jahre später kam es zur Verlängerung bis zur

Borstei, und 1930 konnte nach zahlreichen Schwierigkeiten endlich die gesamte Strecke bis zum Moosacher Bahnhof dem Verkehr übergeben werden.

Bis 1946 gab es im Moosacher Bereich keine städtische Buslinie. In diesem ersten Nachkriegsjahr nahm die Linie S (Moosach–Angerlohe) ihren Betrieb auf. 1948 wurde zu dieser Linie (nun S 1) eine S 2 (Moosach–Milbertshofen–Freimann) geschaffen. Besonders langwierig gestaltete sich eine Verbindung nach Nymphenburg. 1949 hatte man die S 2 versuchsweise über den Romanplatz nach Laim verlängert, die Linie aber 1951 wieder eingestellt. 1957 erst entstand als neuer Versuch die »Pendellinie« E 0 33 (Romanplatz–Maria-Ward-Straße–Bahnhof Moosach) zu den Hauptverkehrszeiten sowie die Omnibuslinien R 1 (Botanischer Garten–Allacher Straße–Bahnhof Moosach) und R 2 (Moosach–Allach). 1959 wurde E 0 33 ergänzt durch die Linie FM (die einstige S 2), eine Strecke, die als Tangentialverbindung immer mehr an Bedeutung gewinnen sollte, je mehr Wohnsiedlungen im Münchner Norden und Westen entstanden. Im Zug der Neuordnung des Münchner Omnibusnetzes 1961 wurde die Linie 0 46 (Hohenschwangauplatz–Ostfriedhof–Sendlinger-Tor-Platz–Hauptbahnhof–Dachauer Straße–Borstei) bis zur Maria-Ward-(heute Hugo-Troendle-)Straße verlängert, ab 1963 für einige Zeit sogar bis zum Moosacher Bahnhof. In den folgenden Jahren wurde auch im Moosacher Bereich das Bus-Liniennetz immer dichter, die Wagenfolge kürzer.

Vor allem durch die Inbetriebnahme des neuen Schnellbahnnetzes 1972 und das Inkrafttreten des Münchner Verkehrs-Verbundes (MVV) fand das Liniennetz der öffentlichen Verkehrsmittel umfassende Neuordnung und Ausweitung. Auch die weiterhin von der Kraftverkehr Bayern betriebene Buslinie 76 Moosach–Ludwigsfeld wurde als Linie 79 in den MVV integriert. Seit 1983 verkehrt die Straßenbahnlinie nach Moosach (1930 Eil-Linie 29, ab 1934 Linie 14, seit 1945 Linie 1) als Linie 20 auf der Strecke Effnerplatz–Herkomerplatz–Lerchenfeldstraße–Maxmonument–Isartor–Müllerstraße–Sendlinger Tor–Stachus–Hauptbahnhof–Dachauer Straße–Bahnhof Moosach. Diese Änderung trat mit der Inbetriebnahme der U-Bahn-Linie U 1 (Innsbrucker Ring–Giesing–Kolumbusplatz–Sendlinger Tor–Hauptbahnhof–Stiglmaierplatz–Rotkreuzplatz) in Kraft.

Mit dem Stadtratsbeschluß vom 24. Oktober 1984 über die Verlängerung dieser U 1 über den Westfriedhof hinaus begann eine jahrelange Diskussion über verschiedene Trassenführungen nach Moosach. Am 10. Mai 1989 entschied der Münchner Stadtrat, die U 1 vom Westfriedhof nicht unter der Dachauer Straße zum Moosacher Bahnhof, sondern unter der Hanauer Straße nach Norden zum OEZ zu führen und die U 3 vom Olympiazentrum in einem Bogen über die Moosacher Straße ebenfalls zum OEZ (mit einem Umsteigebahnhof im Bereich Hanauer-/Pelkovenstraße) und weiter unter der Pelkovenstraße bis zum Bahnhof Moosach.

Der 28. Bezirksausschuß

Die Verkehrsprobleme waren über all die Jahre hinweg ein Thema, das oft die Tagesordnung des Bezirksausschusses 28 (Neuhausen-Moosach) bestimmte. Die Bezirksausschüsse in München sind nach dem Zweiten Weltkrieg entstanden, beginnend mit sog. Aktionsausschüssen. Ein solcher wurde 1945 im Bezirksteil Neuhausen, Gern und Borstei gegründet. Moosach wurde erst 1947 eingegliedert; hier bestand zeitweilig ein eigener Aktionsausschuß. 1947 wurden schließlich die provisorischen, ein Jahr später die »ordentlichen« Bezirksausschüsse gebildet. 1949 fand in der Gaststätte »Kriegerdenkmal« die erste Bürgerversammlung in Moosach statt – viele, nicht selten recht turbulente folgten im Lauf der nächsten Jahrzehnte.

Einen harten Kampf hat zum Beispiel die neue Straßenverbindung zur Fasanerie und weiter nach Feldmoching gekostet, nachdem die Deutsche Reichsbahn zwischen 1939 und 1942 die alte Feldmochinger Straße (heute Bingener Straße) einfach mit Kies für den geplanten Rangierbahnhof zugeschüttet hatte. Über zehn Jahre lang mußte sich der (damals allerdings noch relativ bescheidene) Autoverkehr durch die enge Jakob-Hagenbucher-Straße entlang der Bahn zur Fasanerie quälen, bis 1953 die neue Feldmochinger Straße dem Verkehr übergeben wurde. Dem sollten dann bald weitere große Straßenbaumaßnahmen folgen, wie Anfang der sechziger Jahre die Verbreiterung der Dachauer Straße zwischen dem Leonrodplatz und dem »Alten Wirt« und dann der Ausbau der Allacher Straße mit der großen Bahnüberführung. Im Zug der großen Straßenbauten vor den Olympischen Spielen 1972 entstand die sechsspurige Tangentialverbindung Georg-Brauchle-/Wintrichring zwischen dem »Knoten 1« an der Lerchenauer Straße, dem »Knoten 2« an der ebenfalls neuen Verlängerung der Landshuter Allee, der Dachauer, der Nederlinger/Allacher und der Menzinger Straße. Diese Verbindung nahm den Verkehr zwischen den Autobahnen nach Nürnberg und nach Augsburg auf, der sich bis dahin auf der Pelkoven-, der Bauberger- und der Netzerstraße mitten durch Moosach hindurchgezwängt hatte. Auch die Hanauer Straße wurde damals nach Norden hin bis zur Triebstraße verlängert.

Nachdem das Rangierbahnhof-Projekt lange Zeit die Entwicklung im Norden Moosachs, vor allem den Straßenbau, blockiert hatte, konnte am 6. Mai 1990 die neue, etwa 400 m nach Westen verlegte Dachauer Straße (B 304) mit einer fast einen halben Kilometer langen Brücke über den Rangierbahnhof dem Verkehr übergeben werden. Am 16. November 1990 folgte die Verkehrsfreigabe der neuen Brücke für die Feldmochinger Straße und am 31. Oktober 1991 der Max-Born-Straße (B 304 neu/ vormals »verlängerte Triebstraße«) zwischen Lassalle- und Dachauer Straße.

Auch der Problemkreis Kindergärten/Schulen/Freizeitheim stand ebenso häufig auf der Tagesordnung des 28. Bezirksausschusses wie auch die allgemeine Struktur- und Bauentwicklung. Der 28. Stadtbezirk gehörte Mitte der achtziger Jahre mit über 67 000 Einwohnern zu den bevölkerungsstärksten in München. Am 14. Februar 1973 stellten die Distriktvorsteher erstmals den Antrag, auf der Fläche östlich des Moosacher St.-Martins-Platzes ein Bürgerzentrum zu errichten. Seit 1982 steht einigen Vereinen das ehemalige Hackl-Anwesen am Moosacher St.-Martins-Platz provisorisch zur Nutzung zur Verfügung. Inzwischen gibt es zwar konkrete Pläne für ein Bürgerhaus, und die Moosacher konnten sogar schon ein Modell dafür bewundern, doch ist ein Baubeginn wegen der fehlenden Mittel noch lang nicht in Sicht.

Am 27. Juli 1977 verabschiedete der Stadtrat der Landeshauptstadt München das »Standortkonzept für das Stadtteilzentrum Moosach/Lerchenau« und beschloß den Ausbau des Fußgängerbereichs in Moosach zwischen der Dachauer und der Pelkovenstraße. Die Einweihung dieser 2 600 m² großen Fußgängerzone (Gesamtkosten: 2,4 Millionen DM) im Bereich Leipziger Straße/Chemnitzer Platz/Bockmeyrstraße/Moosacher St.-Martins-Platz fand am 20. April 1983 statt.

Vom Bauerndorf zur Vorstadt

So hat sich also Moosach in den letzten vier Jahrzehnten außerordentlich verändert. Das beschauliche Dorf der Vergangenheit, ja sogar noch der dreißiger Jahre, besteht längst nicht mehr. Zum Zeitpunkt der Eingemeindung 1913 hatte Moosach rund 2 600 Einwohner, nach dem Zweiten Weltkrieg erst 11 500 (1946). Dann stieg die Einwohnerzahl schnell über 24 000 (1961) und 40 000 (1970) auf rund 44 000 (1985). 1974 gab es in Moosach nur mehr zwei Bauernhöfe, die noch ganze 43 ha Nutzfläche bewirtschafteten; die Viehzählung hatte lediglich noch ein Rind und 13 Schweine festgestellt. Die alte Dorfstraße (Pelkovenstraße) verlor in den letzten Jahren zunehmend ihren individuellen Charakter und begann sich mehr und mehr zu einer jener gesichtslosen Vorstadtstraßen zu wandeln, als die sie sich heute präsentiert. Der Ausbau der Dachauer Straße Anfang der sechziger Jahre schlug eine breite Schneise und trennte den alten Dorfbereich von den Neubaugebieten im Süden. Hier zwängt sich täglich eine lärmende und stinkende Verkehrsflut durch. Mit bis zu 50 000 Kfz-Einheiten pro Tag wird die Dachauer Straße nur noch vom Georg-Brauchle-/Wintrichring überboten. Der Verkehr auf der Allacher Straße erreicht allerdings auch schon über 40 000 Einheiten pro Tag.

Inzwischen sind hoffnungsvolle Bemühungen angelaufen, wenigstens das Gebiet um die alte St.-Martin-Kirche in seinem noch dörflichen Charakter zu erhalten, wozu auch die 1977 bis 1983 errichtete Fußgängerzone gehört. Daß bei den Moosachern das Bewußtsein um ihr ehemaliges Dorf noch nicht ganz verloren ist, bewies schon die Stellungnahme des 28. Bezirksausschusses vom 13. Februar 1978 zur Dorfkernstudie des Stadtentwicklungsreferats. Im Lauf der letzten Jahre fanden am Moosacher St.-Martins-Platz auch immer wieder dörfliche Feste statt, wie die Maibaum-Aufstellung, Vereinsjubiläen, Stadtteilkulturwochen, Volksfeste. Am 8. November 1987 wurde außerdem die umfassend renovierte alte St.-Martin-Kirche wiedereröffnet – eine der ältesten und ein wertvolles Kleinod unter den Münchner Kirchen.

Doch mit jedem Abbruch eines der letzten alten Söldenhäusl (wie z. B. Ende 1991 des »Bruckensattler«, Pelkovenstraße 59) und dem Bau eines modernen mehrstöckigen Hauses an seiner Stelle wird ein weiterer endgültiger Schritt vom liebenswerten Dorf zur gleichförmigen Vorstadt vollzogen. An der Dachauer Straße ist mit der fast durchgehenden Frontbebauung, die an die Stelle lockerer Einzelhäuser mit kleinem Garten getreten ist, die Verstädterung bereits vollzogen; die Pelkovenstraße wird bald folgen. Und der bevorstehende U-Bahn-Bau in der Pelkovenstraße läßt befürchten, daß dann auch der gewundene Straßenverlauf mit den alten Kastanien nicht überleben wird.

Das Dorf Moosach, 1725; Ausschnitt aus der Neurothschen Hofmarkskarte. Um den Vergleich zu erleichtern, wurde hier die Karte auf den Kopf gestellt – damals waren noch nicht alle Karten »genordet« (Norden oben, Süden unten), so auch dieses frühe Beispiel aus dem 18. Jahrhundert.

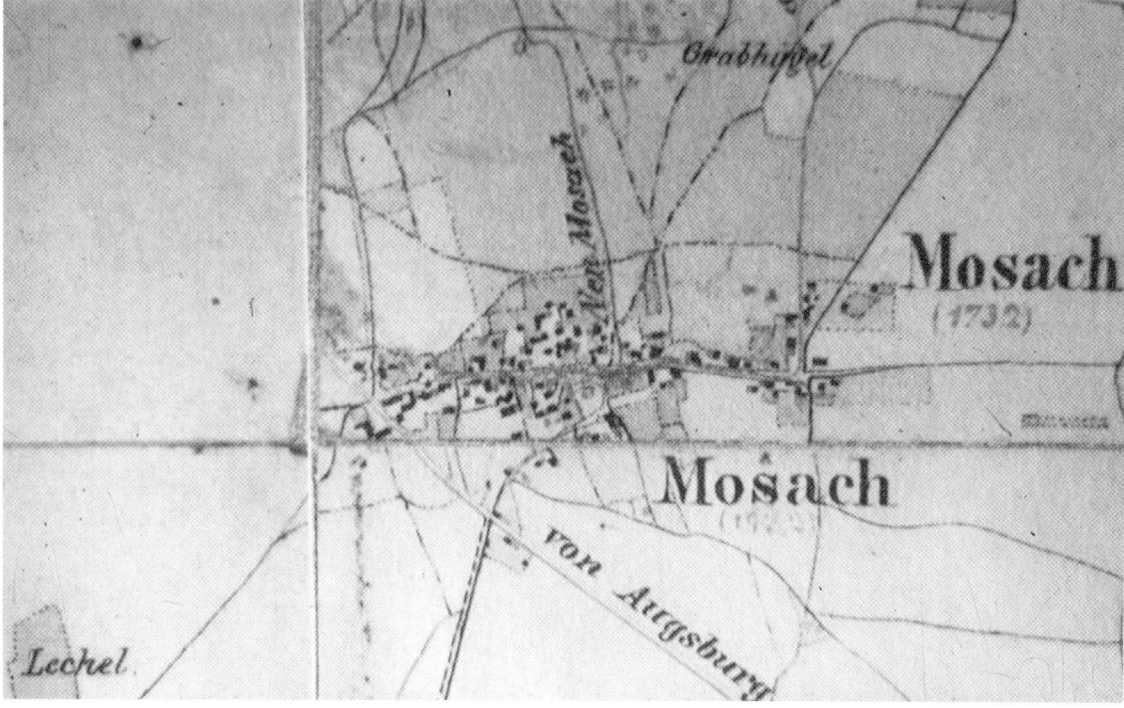

Moosach im Jahr 1857; Ausschnitt aus der Terrainaufnahme.

Moosach im Ausschnitt einer Karte aus dem Jahr 1915.

Leben und Leute in Moosach

Zur Geschichte gehören auch die Dorfbewohner und deren Alltagsleben, die Haus- und Feldwirtschaft, das Brauchtum usw. »Geschichte« machte sich für die kleinen Leute ohnehin nur dann bemerkbar, wenn sich etwas für sie Negatives ereignete: Krieg, Not, Naturkatastrophen, Seuchen, Inflation, Sonderabgaben, Herrschaftswechsel und ähnliches mehr. Aber auch dann, wenn die große Politik von einem umwälzenden Ereignis zum andern eilte, merkte das einfache Volk auf dem Land davon wenig – es sei denn, ein Dorf lag wie Moosach an einer wichtigen Fernverbindungsstraße. Eine ganze Reihe von Ereignissen in der Geschichte Moosachs ist auf die exponierte Lage dieses Dorfs zurückzuführen, des einzigen im Zeitraum von der Mitte des 13. bis Anfang des 19. Jahrhunderts, das zwischen München und Dachau an einer der wohl verkehrsreichsten Straßen des Heiligen Römischen Reiches Deutscher Nation lag.

Bis zur Umleitung des Fernverkehrs um 1157 durch Herzog Heinrich den Löwen (1156–80) in das von ihm gegründete oder zumindest nachdrücklich geförderte München führte die stark frequentierte »Salzstraße«, die bei Föhring die Isar überquerte, noch mitten durch Moosach (heutige Pelkovenstraße). Nach dem Gewaltstreich Herzog Heinrichs und der Verlegung des Salzhandels von Föhring nach München führte die Trasse etwa ein Jahrhundert lang über Neuhausen, Gern und Nederling nurmehr am Westrand Moosachs vorbei zur Würmmühle an der Amper bei Dachau und nach Augsburg. Etwa in der Mitte des 13. Jahrhunderts wurde eine direkte Verbindung von München am Südrand Moosachs vorbei (Darmstädter/Batzenhofer/Quedlinburger Straße) gebräuchlich. Was nun allerdings nicht heißen soll, daß der Weg über Neuhausen nun plötzlich nicht mehr benutzt worden wäre. Einen besonders glanzvollen Zug vorbei an Moosach nach Neuhausen gab es zum Beispiel am 21. Februar 1568: »Vor dem Dorf hatte man zwei Prunkzelte aufgestellt. Hier will der junge Herzog Wilhelm seine Braut Renate von Lothringen begrüßen. Als sie von Dachau her mit vierhundert Reitern eintrifft und von ihrem weißen Zelter steigt, donnern Feldschlangen den Salut, und während sie, vom Juwelenschmuck ihres Gewandes fast erdrückt, die Galakutsche zur Fahrt nach München besteigt, ist die Spitze der Vorhut von 5640 Reitern bereits am Neuhauser Tor angelangt.«

Um 1750 wurde der dann in Moosach »Alte Stadtstraße« genannte Weg zwischen dem 1702–04 gegrabenen Nymphenburg-Biedersteiner Kanal und der Tafernwirtschaft am Westrand von Moosach begradigt (heutige Dachauer Straße). Immerhin führte die Landstraße nur am Rand des Dorfes vorbei und nicht mitten hindurch, was manche unliebsame Karambolage zwischen einer schnellen Reisekutsche und einem schwerfälligen Bauernfuhrwerk auf der Dorfstraße ersparte. Soldaten fast aller Länder Europas sind hier schlachtenhungrig, beutegierig, siegestrunken oder geschlagen und verwundet vorbeigezogen, haben im Dorf requiriert, vor Hunger gebettelt, gestohlen, aus Habgier geraubt oder gar gebrandschatzt.

Die Brandschatzung Moosachs im 30jährigen Krieg

Am schlimmsten muß es wohl im 30jährigen Krieg (1618–48) gewesen sein. Schon in den ersten Kriegsjahren, in denen die militärischen Auseinandersetzungen noch außerhalb Bayerns stattfanden, trieben Not und Elend viele auf die Straße und zum Betteln. Der gestrenge Herzog Maximilian I. (1597–1651) wollte die Arbeitskraft seiner Untertanen nicht nutzlos vertan wissen und setzte 1619 alle verfügbaren Kräfte für den neuen Wallbau in München ein. Ähnlich verfuhr er 1624, als er einen neuen Kanal von der Würm beim Allacher Forst zur Moosach bzw. zur Schleißheimer Schwaige herüberführen ließ.

Der Schlacht am Weißen Berg bei Prag am 8. November 1620 folgte ein zäher Ermüdungskrieg, der aber in den zwanziger Jahren fast ausschließlich im Norden Deutschlands stattfand. Der Krieg veränderte sich, nachdem am 6. Juli 1630 König Gustav Adolf II. von Schweden in Pommern gelandet war. Im selben Monat brach in Bayern eine Viehseuche aus, von der besonders Pferde betroffen waren, aber auch die Waldtiere und die Schweine. Der Sieg in der Schlacht von Breitenfeld bei Leipzig öffnete den Schweden den Weg nach Bayern, wo sie ihren gefährlichsten und unversöhnlichsten Feind, den (seit 1623) Kurfürsten Maximilian I., wußten. Während Gustav Adolf um die Jahreswende 1630/31 an der Donau im Winterquartier lag, bereitete man sich in und um München in fieberhafter Eile auf eine Verteidigung vor. Doch dann zogen die Schweden erst an den Rhein und in die Pfalz, um im Frühjahr 1632 wieder verheerend und plündernd in Franken einzufallen. Am 15. April 1632 setzte der Schwedenkönig bei Rain über den Lech, besiegte die schlecht genährten und gekleideten Truppen der Katholischen Liga und zog am 20. April in Augsburg ein. Am 12. Mai kam Gustav Adolf in Freising an.

So drängte der plündernde, brandschatzende und mordende feindliche Haufe immer weiter nach Westen und Osten vorwärts, München einstweilen noch umschleichend, indem er von Lochhausen aus mehr der Amper gegen Dachau folgte. Um die Verteidigungskraft der Residenzstadt zu stärken, zog man das Landaufgebot des Dachauer und des Wolfratshauser Gerichts nach München, versperrte die Tore und besetzte die Wälle. Als aber in der Stadt bekannt wurde, Gustav Adolf werde an München fürchterliche Rache für die Plünderung der katholischen Truppen in Magdeburg nehmen, schlug der aufgestachelte Kampfesmut in kleinlaute Verzagtheit um. Da der Festungsring um München noch nicht vollendet war, hatte der Kurfürst dem Bürgermeister erlaubt, die Stadt kampflos zu übergeben. Diese Übergabe fand am 17. Mai 1632 statt. Gegen eine »Brandschatzung« von 450 000 Gulden verschonte Gustav Adolf München vor der Plünderung. Die schwedischen Soldaten hielten sich an den umliegenden Dörfern schadlos.

Die Bauern dachten aber nicht daran, sich wehrlos dem Mutwillen der schwedischen Horden auszuliefern, und als diese von ihren Lagern vor den Toren Münchens aus ihre Beutezüge unternahmen, kam es fast in jedem Hof zu erbitterter Gegenwehr der Bauern. Die darob ergrimmten Schweden antworteten mit Mord und Brand, nicht zuletzt auch, um die Bürger in München einzuschüchtern. In einzelnen Fällen legten die Schweden ganze Dörfer bis auf den letzten First in Asche, und dazu gehörte in der zweiten Maihälfte 1632 auch Moosach – das wohl einschneidendste Ereignis ob der weittragenden Konsequenzen in der Geschichte des Ortes. Alle Häuser, damals ausschließlich noch aus Holz gebaut und stroh- bzw. riedgedeckt, wurden ein Raub der Flammen. Nur das einzige ganz aus Stein gebaute Gebäude, die Kirche, überstand das Inferno – und diente fortan den Schweden als Pferdestall. Der gotische Altar war willkommenes Brennholz. Auch dem Nachbarort Kemnaten (heute Nymphenburg), damals allerdings nur fünf Anwesen umfassend (Moosach immerhin 39), ging es nicht anders. Zur Hälfte niedergebrannt wurden Aubing (40 von 80 Anwesen) und Untermenzing (16 von 30 Anwesen). Neuhausen hatte ähnliche Verluste zu verzeichnen, wobei dort auch die Kirche ein Raub der Flammen wurde.

Die barbarischen Ausschreitungen der Schweden hatten Kurfürst Maximilian so erbittert, daß er am 20. Mai 1632 die Bevölkerung aufforderte, jeden Schweden, der einem begegnete, totzuschlagen. Als die Schweden Anfang Juni 1632 endlich abzogen, sah es in Moosach schlimm aus. Die Überlebenden hatten sich ins Moos oder in die Wälder geflüchtet, und als sie zögernd heimkehrten, fanden sie Haus und Hof abgebrannt, das Vieh abgestochen, versprengt oder gestohlen.

Der Krieg tobte weiter im Land. Ja, die eigentlich mit den Katholischen verbündeten Heere der Spanier, Kroaten, Burgunder, selbst sogar die eigenen Soldaten, wüteten 1634 nicht anders im Land wie die Schweden, die inzwischen manchmal sogar schon als die besseren betrachtet wurden. Und dieser wilde Soldatenhaufen schleppte wieder einmal die Pest ins Land ein, die allein in München rund 7 000 Todesopfer forderte. Diese Pest des Winters 1634/35 war die schlimmste Seuche, die Moosach im Lauf seiner Geschichte heimsuchte, aber die geschundenen, unterernährten und in erbärmlichen, notdürftig zusammengezimmerten Hütten hausenden Menschen hatten auch keine Widerstandskraft mehr. Das Frühjahr 1635 war deshalb in den Dörfern im Süden des Dachauer Gerichts mehr denn je durch Not und Elend geprägt, wobei der Kriegseintritt Frankreichs auch noch die Hoffnungen auf einen Frieden zunichte machte. Die sowieso schon kümmerliche Ernte des Vorjahres war im Seuchenwinter verzehrt worden, niemand hatte mehr Saatgut, es fehlte an Zugtieren für die Feldbestellung und die matten, halb verhungerten Menschen hatten keinen Lebensmut mehr. Da sich aber nun das Kriegsgeschehen wieder hauptsächlich außerhalb Bayerns verlagerte, konnten die Bauern wenigstens ab dem Frühjahr 1636 einen Versuch zur Normalisierung des Lebens unternehmen.

Wenn auch die Kriegsereignisse immer wieder bis nach München reichten, konnte man vereinzelt auch an einen Wiederaufbau denken. Ein großes Problem bildete dabei der Menschenmangel. Für Moosach müssen wir davon ausgehen, daß 80 Prozent der Bevölkerung diesen Wahnsinnskrieg nicht überlebt haben. Während andernorts durch die Hofmarksherrschaft oder potente Grundherren wie Adel oder Klöster bereits ab 1635 die Bevölkerungsverluste durch »Peublierungsmaßnahmen« wieder ausgeglichen wurden, vor allem durch Tiroler, fehlte in Moosach, das erst 1686 Hofmark wurde, der entsprechende Initiator. So blieb es bei Einzelmaßnahmen, was den Wiederaufbau mancher Höfe bis in die zweite Hälfte des 17. Jahrhunderts verzögerte.

Der berühmteste Moosacher: Der Dichterkomponist Johann Khuen

Johann Khuen kam 1606 als Sohn des Bauern Hans Khain und seiner Frau Anna in Moosach zur Welt. Da das Taufbuch der Pfarrei St. Peter und Paul in Feldmoching, zu der Moosach mit seiner St.-Martin-Kirche bis 1909 als Filiale gehörte, erst 1612 beginnt, ist sein genaues Geburtsdatum nicht bekannt. Die Khain waren seit Mitte des 16. Jahrhunderts in Moosach ansässig. Khuens Vater, Hans Khain, saß auf einer landesherrlichen Hube (Pelkovenstraße 58) und (1574 erstmals genannt) auf einer Hube (Pelkovenstraße 51), die seit 1518 dem Barthschen Dreikönigsbenefizium bei St. Peter zu München gehörte (das 1614 Johann Khuen übertragen wurde) und die wahrscheinlich das Geburtshaus von Johann Khuen ist. In den Schülerakten auf dem Gymnasium in München wurde Johann Khuen noch als »Khain« aufgeführt. Warum er sich dann später »Khuen« nannte, ist nicht erklärlich. Ab 1655 schrieb er sich nur mehr »Kuen«.

1623 wurde Johann Khuen Schüler am Jesuitengymnasium in München und dürfte bei seiner musikalischen Begabung im Seminarium

Gregorianum Aufnahme gefunden haben. Dieses gregorianische Seminar, im Volksmund Gregorihaus oder nur Kosthaus genannt, war 1574 von Herzog Albrecht V. als Studentenheim gestiftet worden. Da an diesem Seminar Theater und Musik besonders gepflegt wurden, war Aufnahmebedingung gute Kenntnis in der Musik oder sonst ausgezeichnete einschlägige Fähigkeiten. Denn die Seminaristen hatten zugleich die Kirchenmusik und den Chorgesang in der Jesuitenkirche St. Michael und in anderen Münchner Kirchen sowie in der Marianischen Kongregation zu besorgen und wurden manchmal auch zur Verstärkung der kurfürstlichen Hofkapelle herangezogen. Um 1625/26 wurde Khuen selbst Mitglied der 1610 von den Jesuiten gegründeten »Marianischen Deutschen Kongregation der Herren und Bürger zu München«.

1625 absolvierte Johann Khuen bereits das Gymnasium und studierte Theologie. Ende des Jahres 1630 wurde er zum Priester geweiht. Am 23. Februar 1631 trat er seine erste Seelsorgestelle an, kehrte aber schon nach einem halben Jahr von diesem unbekannten Posten nach München zurück, um die Stelle eines Hauskaplans in der von Herzog Ferdinand (1550–1608), einem Bruder von Herzog Wilhelm V., gegründeten Graf Wartenbergischen Sebastianskapelle im Krotten(heute Rosen)tal in München zu übernehmen. Am 10. Oktober 1634, gerade als die Pest in München am schrecklichsten wütete, wurde Khuen noch das einst von der Münchner Patrizierfamilie Barth gestiftete Benefizium am Dreikönigsaltar zu St. Peter in München übertragen.

Zur Zeit Khuens erlebte das Jesuitendrama in München gerade seine große Blütezeit. Nachweislich hat auch Khuen bei den Aufführungen der Jesuitenschüler eine maßgebliche Rolle gespielt. Da gab es z. B. zu Weihnachten Herberg- und Hirtendialoge, wie auch Khuen einen solchen gedichtet und vertont hat. Beiträge für das Jesuitentheater lieferte ebenfalls der Jesuit Jakob Balde (1604–1668), der 1637 von Kurfürst Maximilian I. als Professor für Rhetorik an das Münchner Gymnasium geholt wurde. Er war gleichfalls als Tonsetzer tätig und als solcher zählt er zu den Frühmeistern des einstimmigen instrumentalbegleiteten deutschen Liedes. Johann Khuen wurde bald Freund und Mitarbeiter Baldes, von dem er Gedichte aus dem Lateinischen ins Deutsche übersetzte, und der gleich ihm Dichter und Sänger von Marienliedern war. Beider Sprache ist dabei stark bayerisch gefärbt, bayerisch sind auch Khuens Liedkompositionen geprägt, bayerisch ist seine ganze Vorstellungswelt, selbst der Orient oder das Paradies, wie später auch bei Franz von Kobell und Ludwig Thoma.

In München wurde gerade bei den Aufführungen am Jesuitengymnasium und in der lateinischen Kongregation die Entwicklung vom alten Chorstil zu einer neuen Musikrichtung, der Monodie, fortgeführt. Und Johann Khuen sollte zum Hauptvertreter der Münchner Monodistenschule werden. Die Monodie, der instrumental begleitete Sologesang mit rezitatorischem Charakter, bildete sich um 1600 von Florenz ausgehend in Anlehnung an das antike Vorbild der Griechen heraus. Die Einführung des Solo- und vor allem des Sprechgesangs, des sogenannten Rezitativs, war ein Wagnis, ein Stilbruch, eine Revolution, die den Weg zum Aufbau und ersten Ausbau der Oper ebnete. Der akkordisch geprägte monodische Stil wurde Gegensatz zum kunstvoll kontrapunktischen A-capella-Satz und entwickelte bzw. beeinflußte im Lauf der Zeit neben Rezitativ und Arie (Oper) fast alle Gattungen, auch die Instrumentalmusik.

Johann Khuen hat in der ersten Zeit seines Schaffens bis Anfang der vierziger Jahre des 17. Jahrhunderts noch auf die traditionellen musikalischen Formen und Ausdrucksmittel der vorhergehenden Periode zurückgegriffen. Er lehnte sich an die Villanellen, Canzonetten und Balletti der Italiener und die Chansons und die Airs der Franzosen an. Allmählich machte er sich jedoch davon frei und rang sich zu einem ausdrucksvollen, individuellen, manchmal sogar dramatischen Stil durch. Zu den warm empfundenen und oft kühnen Melodien trat eine vollendete Form; auch sind die Bässe ungemein geschickt behandelt. Von großem Klangzauber sind auch seine zweistimmigen Weihnachtslieder, bei denen er Koloratur und Echo als wirksames Ausdrucksmittel verwendet. In den Gesängen der »Geistlichen Schäfferey« (ab 1650) erreichte er melodische und rhythmische Freiheiten, die ihn schließlich in der fünften Auflage seines Hauptwerks, dem »Epithalamium Marianum«, zur Vollendung bei der Handhabung der neuen Form finden lassen: ausdrucksvolle Entfaltung in der Melodiebildung, abwechslungsreichere Rhythmen und eine ausgeprägte Dur-Moll-Tonalität.

Khuens Lieder wurden bald in verschiedene Gesangbücher aufgenommen, so auch in das Würzburger und das Mainzer, besonders in die 1658 erschienene »Geistliche Nachtigall« des Abtes von Göttweig, Gregorius Corner. Schließlich haben noch die Münchner Frauenklöster das Liedwerk des Benefiziaten gepflegt. 1639 widmete Khuen seinen neuesten monodischen Liederzyklus »Die geistlich Turteltaub« der Äbtissin der Münchner Klarissinnen zu St. Jakob am Anger. Auch das Pütrich- und das Ridlerkloster erhielten später solche Widmungen. Noch heute singen die katholischen Kirchengemeinden seine Lieder im Gottesdienst. Auch im »Gotteslob«, dem zuletzt 1975 neu erschienenen katholischen Gebet- und Gesangbuch für das Erzbistum München und Freising, finden wir noch zwei Lieder von Khuen (Lied 588, »Sagt an, wer ist doch diese«, und Lied 855, »O himmlische Frau Königin«).

Matthias Münchner, ein Mitschüler und Freund Khuens am Münchner Jesuitenkolleg, kam als kurfürstlicher Kapellmeister nach Köln und sorgte im Rheinland für die Verbreitung der Lieder Khuens. In Bayern sind die unmittelbaren Nachfolger Khuens der Jesuit Albert Graf Curtz und der Kapuziner Procopius (Prokop von Templin) in Salzburg.

Johann Khuens Bindung an seinen Heimatort Moosach riß nie ab. So läßt er sich unter anderem mehrfach als Grundbesitzer feststellen. Am 10. Februar 1645 verkaufte er beispielsweise einen Acker an den Dekan von St. Peter, Dr. Kaspar Heyfelder, den er selbst von »Anna Retenpekhin«, »gewesten Nachbaurin zu Moosach« gekauft hatte. Auf Khuen geht auch die St.-Anna-Kapelle zurück. In einer Eingabe vom 24. Mai 1655 bat er darum, »daß er zu Mosach an St. Martinskirche Capellen und Altar zu Ehren der Mutter Anna aufpauen derffe«. Als die St.-Anna-Kapelle dann drei Jahre darauf fertig war, stiftete er am 21. September 1658 noch einmal über 100 Gulden zu ihrer Erhaltung.

Johann Khuen starb nach einem erfüllten Leben am 14. November 1675 und wurde vor seinem Benefiziumsaltar in St. Peter beigesetzt.

Abt Malachias von Raitenhaslach

Der zweite bedeutende Priester des 17. Jahrhunderts aus Moosach nach dem Dichterkomponisten Johann Khuen war Abt Malachias von Raitenhaslach. Eigentlich hieß er Michael Lachmair und erblickte am 20. September 1626 als Sohn des Leonhard Lachmair in Moosach das Licht der Welt. 1648 absolvierte er das Jesuitengymnasium in München. Wahrscheinlich hat er dann an einer Ordensschule Theologie studiert, vielleicht in Aldersbach, wo Pater Malachias Niederhofer, der ihm vermutlich besonders nahe stand, auch den seltenen Ordensnamen Malachias trug und von 1669 bis 1683 Abt war. Am 2. Dezember 1649 legte Michael Lachmair die feierliche Ordensprofeß ab. Nach der Priesterweihe (deren Datum nicht bekannt ist) war Pater Malachias zuerst einige Jahre Seelsorger außerhalb des Klosters. Am 18. Juni 1660 hatte er vom Konsistorium in Salzburg die »Approbatio ad curam animarum« erhalten. Von 1662 bis 1664 fand Pater Malachias Verwendung als Vikar in Burgkirchen, anschließend als Expositus von Gumattenkirchen, der Filiale der dem Kloster Raitenhaslach inkorporierten Pfarrei Niederbergkirchen. 1675 kehrte Pater Malachias ins Kloster Raitenhaslach zurück, wurde dort Subprior und schließlich Prior dieses ältesten bayerischen Zisterzienserklosters. Da Abt Gerard (übrigens ein Münchner) durch wiederholten Schlaganfall arbeitsunfähig war, ernannte der Vaterabt von Salem Pater Malachias am 18. August 1675 zum Administrator des Klosters Raitenhaslach.

Als im Frühjahr 1676 infolge der anhaltenden Erkrankung des Abtes Gerard, der dann sogar deswegen resignierte, die Neuwahl eines Abtes geboten erschien, hatte der Vaterabt von Salem, wie aus einem Brief an den Abt von Aldersbach vom 2. April 1676 hervorgeht, die Befürchtung, es könnte im Konvent von Raitenhaslach niemand für dieses Amt gefunden werden. Pater Malachias scheint den auf ihn als Administrator gesetzten Hoffnungen nicht so recht entsprochen zu haben. Trotzdem wurde der Moosacher Michael Lachmair am 12. April 1676 zum Abt gewählt. Die Wahl, die Abt Malachias von Aldersbach geleitet hatte, unter Assistenz der Äbte Melchior von Fürstenzell und Bonifaz von Gotteszell, wurde aber erst am 23. November 1676 rechtskräftig, als endlich die Bestätigung aus dem Urkloster Citeaux in Frankreich (von

Michael Lachmair (1626–88) aus Moosach, Abt Malachias von Raitenhaslach.

dem die Zisterzienser durch Sprachverstümmelung im Deutschen auch ihren Namen haben) über den Vaterabt von Salem in Baden eintraf. Am 14. Februar 1677 erteilte Pater Malachias in der Klosterkirche zu Aldersbach Abt Malachias als Generalvikar der bayerischen Ordensprovinz die Abtweihe, wobei wieder die Äbte der beiden niederbayerischen Nachbarklöster Fürstenzell und Gotteszell assistierten.

Die Amtszeit des Abtes Malachias von Raitenhaslach ist nicht leicht zu beurteilen. Einerseits klagte der Vaterabt von Salem mehrmals über die Zustände in Raitenhaslach. Das Kloster wurde während der zwölfjährigen Regierung des Abtes Malachias zu wiederholten Malen visitiert, am 24. August 1678 durch den Vaterabt von Salem selbst, im September 1679 durch Abt Malachias von Aldersbach als Generalvikar für Bayern, im Oktober 1682 abermals durch den Abt von Salem und im Oktober 1685 durch Abt Martin von Fürstenfeld, der damals Generalvikar für Bayern war. Andernseits aber wird in den Raitenhaslacher Annalen die zwölfjährige Amtszeit des Abtes Malachias in hohem Lob gerühmt, vor allem seine kluge Wirtschaftsführung. Bei seinem Tod seien 8966 Gulden Bargeld neben 10 387 Gulden Aktivschulden und 2275 Gulden Passivschulden vorhanden gewesen, trotz Schuldentilgung, Türkensteuern, Auslagen für Flüchtlinge aus österreichischen Klöstern und wiederholter Weinbergschäden (1683 waren die Türken bis vor Wien vorgedrungen).

Und außerdem hatte Abt Malachias in Raitenhaslach auch noch eine rege Bautätigkeit entfaltet, eifrig Kunstpflege betrieben und das geistige

Leben im Kloster nachdrücklich gefördert. Bis zur Aufhebung des Klosters 1803 bestand eine von Abt Malachias 1680 bewilligte Brotspende für das Bruderhaus zu Burghausen. Jeder Insasse bekam viermal im Jahr vom Kloster unentgeltlich das sogenannte Knappenbrot. So war Michael Lachmair aus Moosach im ganzen in einer schweren Zeit ein guter Abt seines Klosters, ein kluger, praktischer Wirtschafter, ein lebensnaher und vielleicht etwas freierer Prälat der Barockzeit, ohne deshalb in wichtigen Punkten der Moral und der allgemeinen Religiosität besonders gefehlt zu haben.

Abt Malachias wurde am Abend des 28. Januar 1688 auf der Stiege zum Abtgarten vom Schlag getroffen und fiel kopfüber die Treppe hinunter. Er starb noch am selben Tag, von seinem Amtsnachfolger, Pater Candidus, mit den Sterbesakramenten versehen. Vor dem Altar des hl. Sebastian in Raitenhaslach wurde am 30. Januar 1688 die sterbliche Hülle beigesetzt. Das Requiem hielt Propst Patritius von Baumburg, die Trauerrede der Guardian des Kapuzinerklosters zu Burghausen. Der fast unleserliche Rotmarmorgrabstein des Abtes ist noch erhalten.

Das Pelkoven-Benefizium in Moosach

Ein besonderer Glücksumstand für die Seelsorge im Dorf war die Tatsache, daß einer der beiden ersten Hofmarksherren nach 1686 ein führender Kirchenmann war: Veit Adam von Pelkoven. Er ist am 10. März 1649 in München zur Welt gekommen, sein Taufpate war der Freisinger Fürstbischof Veit Adam von Gepeck. Nach der Priesterweihe wurde Pelkoven 1673 Stadtpfarrer von Wasserburg am Inn, aber schon 1675 erhielt er nach Fürsprache der Kurfürstin Adelheid Henriette von Papst Clemens X. ein Kanonikat am Freisinger Dom. 1680 wurde er Kapitular, 1683 Generalvikar des Freisinger Bistums, 1687 zusammen mit seinem Bruder Maximilian in den Freiherrnstand erhoben, 1690 Propst vom Petersberg, 1691 Präsident des Geistlichen Rates und 1695 Domkustos am Freisinger Dom. Veit Adam von Pelkoven starb an seinem 52. Geburtstag, dem 10. März 1701, und liegt im Dom zu Freising begraben.

Am 21. Februar 1695 (Pelkoven hatte gerade vergeblich das Bischofsamt in Freising angestrebt) stiftete er der St.-Martin-Kirche in Moosach ein Benefizium; eine für die Seelsorge in Moosach im 18. Jahrhundert gar nicht hoch genug einzuschätzende große Tat, denn Moosach war nur eine Filiale von Feldmoching ohne eigenen Pfarrer.

Das Pelkoven-Benefizium war eine Messen- und Andachtsstiftung, das heißt, es sollten vom Benefiziaten wöchentlich vier Messen »in der Capellen Unserer lieben Frauen der Schmerzhaften auf der Epistelseiten« gefeiert werden, und zwar außerhalb der Sonn- und Feiertage, an denen der Gottesdienst ohnehin vom Feldmochinger Pfarrer zu verrichten war. Zwei der vier Wochenmessen sollten für die Lebenden der beiden Familien von Pelkoven und von Lerchenfeld sowie der wirklichen Besitzer der Hofmark Moosach und die anderen beiden Messen für die Verstorbenen gelesen werden. Wegen der Zeit bestimmte der Stifter, die Messen »sollten sein zur Stund und Zeit, da es einer anwesenden Herrschaft wird anständig sein«, in deren Abwesenheit aber könne »sich ein Benefiziat dißfahls seiner Gelegenheit gebrauchen, doch sollte er von selbsten dahin gedacht sein, daß gleichwohl solch hochheiliges Meßopfer zur Zeit und Stund gehalten werden, an welcher sich die Gemeinde diß Orts des kostbaren Seelenschazes zum besten wird könen teilhaftig machen und deme mit Andacht beiwohnen, zu dem Ende jedesmal mit der Glocken eine halbe Stund vorhero das Zaichen solte gegeben werden«. – »Neben deme solte auch alle Sambstag und Frauen Abent, ja den Dreißigist hindurch, das ist von Fest Maria Himmelfahrt an bis auf das Fest Maria Geburt sambt dessen Octava alle Tag, nachdem Abent zum Feyrabend wirdet geleübtet sein worden, von dem Benefiziaten die Lauretanische Letaney in teuscher Sprach denen Anwesenten umb Erlangung eines gnadenreichen Sterbestündleins mit Andacht vorgesprochen und dabei mit einem andechtigen Vater Unser und Ave Maria, auch angehengten Glauben, des Stifters gedacht werden.«

Sorgte so vorab der Stifter für sein Seelenheil, so war er im gleichen Zug auch um die Sicherheit der Stiftung selbst bemüht: Nicht weniger als 6450 Gulden hat Veit Adam von Pelkoven für seine Moosacher Benefiziumsstiftung zur Verfügung gestellt, dabei noch unberücksichtigt die Baukosten für ein eigenes Haus für den Benefiziaten.

1300 Gulden gehörten der Moosacher Kirche, die aus dem jährlichen Zins (fünf Prozent) das Benefiziatenhaus samt Garten zu unterhalten hatte und außerdem alle Auslagen für die Benefizialmessen und den Jahrtag für den Stifter in der Woche vor Michaeli (29. September) bestreiten mußte. Die Zinsen aus 2000 Gulden dienten dem Benefiziaten als Einkommen, während weitere 3150 Gulden in Immobilien angelegt waren. Die Eigentümer dieser Güter waren verpflichtet, daraus jährlich weitere 100 Gulden »auf zwey Fristen Michaeli und Liechtmessen eingetheilter ewig und unableßlichen gelts weiß« dem jeweiligen Benefiziaten auszubezahlen.

Als sich 1720/22 abzeichnete, daß die Pelkoven die Hofmark Moosach nicht behalten würden, legte Johann Ernst Cajetan Anton von Pelkoven, der Neffe des Stifters, das Stiftungskapital in die von ihm gegenüber Moosach bevorzugte Hofmark Teising. Seit 1734 ruhte dann ein Kapital von 4000 Gulden hypothekarisch auf dem Besitz Teising. 1805 zahlte Johann Nepomuk von Pelkoven die 2000 Gulden weg, die dem Ewiggeld-Zins von 100 Gulden zugrunde lagen. 1884 wurde die Jahresgilt von 100 Gulden als Reallast auf den Fideikommiß Teising übernommen und 1885 in die Matrikel für das Familienkommiß Teising als ständige Reallast eingetragen. Seit 1920 ist Teising von allen

Verpflichtungen gegenüber dem Moosacher Benefizium frei, da nach dem Regierungsbericht vom 5. August 1930 diese Belastung bei der Aufhebung des Teisinger Fideikommisses seitens des Oberlandesgerichtes München nicht weiter behandelt und auch nicht eingetragen worden ist.

Nach dem Stiftungsbrief hatte der jeweilige Benefiziat freie Wohnung in einem 1695 eigens erbauten »Benefiziatenhaus«, mit Nebengebäude, Wurz- und Grasgarten, etwa ein halbes Tagwerk groß. Auf dem Wening-Stich von 1701 zeigt es sich als ein zwiegadiger Holzbau mit Halbwalmdach und einer Altane. Die Lage des Hauses etwas südlich der alten Schule an der Ecke der heutigen St.-Martins-Platz/Pelkovenstraße war gewiß günstig, denn der Benefiziat hatte nur wenige Schritte zur Kirche oder zum Hofmarksschloß zu gehen. Aber dieses Benefiziatenhaus existierte nur ein gutes Jahrhundert. Als in der Nacht vom 14. auf den 15. Oktober 1803, gerade sieben Monate seit Beginn der Säkularisation, der letzte Benefiziat Johann Martin Schmid als 88jähriger Greis für immer seine Augen schloß, da sollte auch bald das Ende des Benefiziatenhauses kommen. Drei Jahre lang stand es leer, und die Obliegenheiten des Benefiziums erfüllte, so gut es ging, Pfarrer Rauschmayr von Feldmoching. Da das Haus reparaturbedürftig und offensichtlich nicht zu vermieten war, gab Rauschmayr am 28. Dezember 1804 beim »Churfürstlichen Administrationsrat der Kirchen und milden Stiftungen« um Verkaufsbewilligung ein.

Am 3. April 1805 wurde sodann von allerhöchster Stelle entschieden und dem Kirchen-Administrationsrat mitgeteilt: »Nach euerm Antrage vom 22. vor. M. beschließen Wir: daß das Haus und der Garten des mit der Pfarrey in Feldmoching vereinigten Beneficiums von Mosach auf bodenzinsiges Eigentum an den Meistbiethenden verkauft und der Kaufschilling davon als Ewiggeld-Kapital zur Verbesserung der pfarrlichen Einkünften hier angelegt werden solle.« Das Benefiziatenhaus wurde schließlich nach langem Hin und Her am 25. Juli 1805 von dem Hofgerichtsrat Benno Ignaz Peter von Hofstetten, Hofmarksherr über Moosach von eigenen Gnaden von 1789 bis zur Einziehung 1800 und nun nurmehr »Inhaber des Edelsitzes und Grundherr zu Moosach«, ersteigert. 1807 erwarb Georg Wilhelm Klein das Schloßgut und das ehem. Benefiziatenhaus, verkaufte aber den gesamten Komplex noch im selben Jahr an Georg Batzenhofer, der das Benefiziatenhaus 1808 abbrechen ließ.

Natürlich hat Veit Adam von Pelkoven in seinem Stiftungsbrief vom 21. Februar 1695 auch nicht vergessen, die »Aufstellung des Benefiziaten« genau zu regeln. Dabei legte er fest, daß in Moosach nur solche Weltpriester Benefiziaten werden könnten, die dem Institut der Bartholomäer angehörten. Der jeweilige Regens des Bartholomäer-Seminars in Ingolstadt hatte das Recht, bei Freiwerden der Stelle zwei Priester, die im Bartholomäer-Institut »auferzogen sein worden oder wenigstens fünf Jahr darinnen löbl, versirt sein«, dem Moosacher Hofmarksherrn zu

Das Benefiziatenhaus neben dem Moosacher Hofmarkschloß; Ausschnitt aus dem Kupferstich »Schloß Mosa« von Michael Wening, 1701.

An der gleichen Stelle steht heute das »Hacklhaus«, Moosacher St.-Martins-Platz 3, das provisorische Moosacher Vereinsheim (25. April 1988).

benennen. Dieser wiederum hatte das Präsentationsrecht, er konnte also unter den beiden einen auswählen und dem Bischof zur Investitur vorschlagen.

Der erste Benefiziat zu Moosach wurde noch 1695 Lorenz Permayr, einst Pfarrer in Weichering. Er blieb bis 1711 in Moosach und ging im Jahr darauf als Benefiziat nach Erding, wo er am 22. November 1719 starb.

Anfang des folgenden Jahrhunderts kam es, wenige Tage nach dem Ableben des erwähnten Benefiziaten Johann Martin Schmid, am 31. Oktober 1803 zur Vereinigung des Moosacher Benefiziums mit der Pfarrei Feldmoching. Es dauerte bis zum 5. Oktober 1807, bis der formelle Protest des Generalvikariats gegen diese Vereinigung erfolgte, der aber nichts mehr bewirkte. Bis 1865 wurden immer noch Versuche unternommen, das Benefizium wiederherzustellen. Sie blieben sämtlich erfolglos.

Die Fasanerien um Moosach

Das Gebiet zwischen den landesherrlichen Schlössern Nymphenburg, Dachau und Schleißheim war eines der bevorzugtesten Jagdreviere des Hofs. Fast jeden Tag gingen die fürstlichen Herrschaften, meist mit großem Gefolge, im Moos oder in den lichten Au- und Lohwäldern zwischen der Würm und der Isar zur Jagd. Hier wimmelte es von Rot-, Schwarz- und Niederwild. Und zum barocken höfischen Jagdvergnügen gehörte auch die Fasanenjagd. Allerdings war der aus den Buschdickichten Asiens stammende Edel- bzw. Jagdfasan *(Phasianus colchicus)*, der im Altertum aus Kolchis am Fluß Phasis (daher der Name) an der Ostküste des Schwarzen Meeres nach Griechenland gebracht worden war, erst im Mittelalter in Deutschland heimisch geworden. Noch in der baierischen Hofordnung von 1552 ist weder von einem Fasanenmeister noch von Fasanenjägern die Rede. Auch in der Liste von 1585 des Zergadeners, der für die Lebensmitteleinkäufe und -vorratshaltung des Hofs zuständig war, werden unter der Rubrik Wildpret »Auerhannen, Pürghannen, Rebhüner, Haselhüner«, aber noch immer keine Fasanen aufgeführt.

Aber 1597 erscheint Wolf Warnberger »übern Fashangarten« (vermutlich im Forstenrieder Park). Etwas später führt er den Titel »Vasannenmeister«, ebenso wie sein Kollege Michael Ertl »Vasannenmeister bei Mossach in Vasshannengarten« war. Herzog Wilhelm V. (1579–97) hatte 1596, zwei Jahre vor dem Beginn des Baus der Schwaige und des Herrensitzes Schleißheim, diesen Fasangarten nördlich von Moosach eingerichtet. In der zweiten Hälfte des 17. Jahrhunderts wurden solche Fasanenzuchtanstalten dann regelrecht Mode auch beim Adel. 1698 ließ Kurfürst Maximilian II. Emanuel (1680–1726), wiederum drei Jahre vor Baubeginn des Neuen Schlosses Schleißheim, die Fasanerie Moosach

Letzte Aufnahme des beliebten Ausflugslokals in der Fasanerie Moosach vor dem Abbruch wegen des geplanten Rangierbahnhofs München-Nord im November 1939.

ausbauen und neue Fasanerien in der Hirschau und bei Perlach einrichten. Die Fasanenzucht bei Perlach wurde aber schon 1805 wieder eingestellt. Nach seiner Rückkehr aus dem Exil in Frankreich gründete Max Emanuel 1717, bezeichnenderweise erneut zwei Jahre, bevor er den Schloßbau in Schleißheim fortsetzen ließ, weitere Fasanerien in Hartmannshofen westlich von Moosach, im Nymphenburger Schloßpark (unweit der späteren Amalienburg), beim gerade neuentstandenen Jagdschloß Fürstenried und südlich von Schleißheim. Letztere erhielt zur Unterscheidung von der Moosacher Fasanerie (nunmehr »Oberer Fasangarten«) die Bezeichnung »Unterer Fasangarten«.

Der Leiter einer Fasanerie war der »Fasanenmeister«, dem seine Familie und ein »Fasanenjunge« als Gehilfe zur Seite standen. Jedes Jahr im Frühjahr sammelte der Fasanenmeister mit seinen Leuten die wild gelegten Fasaneneier in seinem Gebiet ein. Außerdem kaufte er in der ganzen Umgebung Bruthennen auf. Jede Bruthenne erhielt ein Bruthäusl, an dem sie mit einem Ketterl festgehalten wurde. Dann wurden ihr Fasaneneier unterlegt. Anschließend ging der Fasanenmeister daran, in den umliegenden Dörfern auch eine große Menge Hühnereier aufzukaufen, denn die ausgeschlüpften Fasanen wurden in der ersten Zeit mit gekochten Eiern gefüttert, und zwar in den ersten Tagen nur mit Eiweiß, dann auch mit dem Dotter und schließlich mit einem Eierkuchen, »Pfanzl« genannt, der aus Eiern und Milch bestand. Im weiteren Verlauf wurden den jungen Fasanen Ameiseneier und in Milch gekochte Rollger-

Ansicht der Fasanerie Moosach (Oberer Fasangarten) im 18. Jh.

ste gegeben. Um wiederum die nötigen Mengen von Ameiseneiern herbeizuschaffen, waren u. a. in Pasing, Gauting, Söcking, Großhadern, Stockdorf und Glonn eigene Ameiseneier-Sammler aufgestellt, ja sogar aus Tirol sollen Ameiseneier gebracht worden sein. Zahlreiche Schriftstücke schon aus den Jahren 1599 bis 1630 befassen sich mit der Lieferung von »Ammaisz-Eyr«. Sehr oft wird die Klage laut, daß die Ameiseneier in den Forsten von Unbefugten ausgenommen, in der Stadt verkauft und nicht an die Fasanerien ausgeliefert würden. Es wurden zum Sammeln von Ameiseneiern sogar eigene »Patente« ausgestellt.

Später richtete man beim Oberen und beim Unteren Fasangarten »Hiendlweiden« (Hühnerweiden) ein; das waren Felder, die mit Gerste oder Buchweizen besät und bei der Reife den schon ziemlich erwachsenen Fasanen als Weide überlassen wurden.

1750 wurden im Unteren Fasangarten 77, im Oberen 85, in Hartmannshofen 15 und in Nymphenburg 29 Bruthennen angesetzt. In den drei Jahren 1768 bis 1770 waren es insgesamt bereits 252 im Unteren Fasangarten, 285 im Oberen, 104 in Hartmannshofen und 132 Bruthennen in Nymphenburg. In diesen drei Jahren wurden 7 236 Maß (ca.

Bruthäusl und Hiendlweide bei der Fasanerie Moosach (1897).

7735 Liter) Ameiseneier und 13542 Maß (ca. 14576 Liter) Milch verbraucht. In den Jahren 1790, 1794 und 1795 war der entsprechende Verbrauch bereits auf insgesamt 44364 Maß (ca. 47427 Liter) Ameiseneier und 74046 Maß (ca. 79155 Liter) Milch gestiegen – fürwahr eine recht teure Leidenschaft.

Diese intensive Zeit des Jagdfasans führte nach einem Jahrhundert zu Krankheiten und zu Degenerationserscheinungen, weshalb der Jagdfasan ab dem Ende des 18. Jahrhunderts mit dem chinesischen Ringfasan gekreuzt wurde. Vor allem zu Beginn des 19. Jahrhunderts häuften sich die Meldungen über das Auftreten von Seuchen unter den Fasanen, namentlich von Leber- und Milzkrankheiten sowie Gallenruhr, durch die der Bestand bedeutend gelichtet wurde. 1788 ist die Nymphenburger Fasanerie als »Goldfasanerie« erwähnt, was darauf schließen läßt, daß hier in dieser Zeit der höfischen Prachtentfaltung des Rokoko die Zucht des aus Südchina stammenden Goldfasans als Ziervogel für den Nymphenburger Park wohl überwog. Auch der ebenfalls aus Südchina importierte Silberfasan wurde gezüchtet.

Besonders Kurfürst Karl Theodor (1777–99) liebte die Jagd auf Fasanen und gab bedeutende Summen für ihre Zucht aus. Waren es 1782 noch 6230 Gulden, so stieg die Summe 1788 bereits auf 11125 Gulden. Für ihren besonderen Fleiß ließ der Kurfürst den Fasanenmeistern und ihren Gehilfen Konventionstaler ausbezahlen. Wenn der Kurfürst mit seinen Gästen um Moosach jagte, mußten »Klopfer« aufgeboten werden, das waren hinter Sträuchern und Fichtenboschen stehende Mannschaften, die den Jägern die Fasanen zutrieben. 1794 wurden in den vier Fasanerien von Nymphenburg, Hartmannshofen, Moosach und Schleißheim jedesmal »dritthalbhundert Klopfer« aufgeboten. 22 Mann mußten am Oberen Fasangarten außerdem am Rand die flüchtenden Fasanen beitreiben. Für die erlegten Fasanen wurden zwei Bauernfuhrwerke benötigt.

Natürlich klagte man immer wieder über Fasanenwilderer. Daß sich aber ausgerechnet 1754 auch der Dachauer Landrichter Franz Xaver von Steinheil einschlägig betätigt haben soll, überrascht. Das entsprechende Protokoll vom 26. November 1754 schließt jedoch mit der Bemerkung, »daß man wegen mangelnder Beweise die Sache beruhen lassen müsse, der Herr Landrichter aber in Zukunft scharf beobachtet werden soll«.

Während der Besetzung Bayerns im Spanischen Erbfolgekrieg 1704–1714 ließ sich die österreichische Statthalterei die Pflege der (in dieser Zeit übrigens »kaiserlichen«) Fasanerien besonders angedeihen sein. 1710 bezog man sogar vom Grafen Marzin in Prag Fasanen zur Auffrischung der Zucht. Dagegen wurde die Fasanerie Hartmannshofen im Österreichischen Erbfolgekrieg (1742–45) im Frühjahr 1742 von Panduren geplündert. Der Untere Fasangarten brannte 1793 ab; der Obere Fasangarten und wiederum die Fasanerie Hartmannshofen wurden 1797 während der Koalitionskriege von Franzosen ausgeraubt.

Die bayerischen Könige (ab 1806) setzten die Tradition der Fasanenzucht fort. In den Jahren 1851 bis 1855 wurden auf den Fluren um den Unteren Fasangarten 1119 Fasanen geschossen, beim Oberen 1005, in Hartmannshofen 117 und in Nymphenburg 257. Auch Prinzregent Luitpold (1886–1912), ein besonders begeisterter Jäger, erschien mit den Prinzen und hohen Gästen sehr häufig zur Fasanenjagd. In der Jagdsaison 1913/14 ließen beim Oberen Fasangarten sogar 1140 Fasanen ihr Leben. In der Zeit vor dem Ersten Weltkrieg benötigte man hier noch jährlich 80 bis 100 Bruthennen zum Ansetzen von 1500 Fasaneneiern und zur Aufzucht 12000 Hühnereier.

Die Fasanerie Hartmannshofen 1830, errichtet 1717 durch Kurfürst Max Emanuel; Zeichnung von Carl August Lebschée.

Nach der Beendigung der Fasanenzucht in allen Fasanerien im Ersten Weltkrieg wurden die Fasanerien zu Wirtshäusern umgebaut (April 1988).

Michael Ertl (1596–1619), erster »Vasanenmaister« bei Moosach (Oberer Fasangarten); Epitaph an der Außenwand der Kirche St. Maria Thalkirchen: »Alhie ligt begraben der Erbar vnd Firnem Michael Erttl Ir. Chur. Ft. Dt etc in Bayern Obristen Fashonen Maister Zu Mosach u Neuen Schleisheim starb A° 1625 den 14. Noue. A° 1596, dene… starb sein erste Hausfrau Jacobe Erttlin A° 1624 den 5. Dez. starb die andere Jacobe.«

Grabstein an der Südwand der alten St.-Martin-Kirche von Franz Sperr (1818–58), Fasanenmeister im Oberen Fasangarten zu Moosach (1831?–55).

Grab im Moosacher Friedhof von Joseph Sperr (1824–59), Fasanenmeister im Oberen Fasangarten zu Moosach (1855–59).

Nach Beginn des Ersten Weltkriegs stellten die Fasanerien ihren Betrieb ein. Wilderer rotteten in der Notzeit der letzten Kriegs- und ersten Nachkriegsjahre bis auf einen kleinen Rest den hier einst so reichen Wildbestand aus. Der letzte Fasanenmeister im Unteren Fasangarten, Johann Heiß, wurde 1916 durch den Schuß eines Wilderers so schwer verletzt, daß er erblindete. Schon 1891 hatten der Fasanenmeister Friedrich Sperr und seine Frau Helene eine Konzession zum Betrieb einer Bier- und Kaffeeschänke im Oberen Fasangarten erhalten, woraus sich im Lauf der Zeit eine beliebte Ausflugsgaststätte entwickelte. 1920 schloß Sperr mit der Krongutverwaltung einen Pachtvertrag, betrieb auch eine Landwirtschaft, die er aber schon nach einem Jahr aufgab. Er starb 1935, seine Frau fünf Jahre später. Die ehemaligen Fasaneriegebäude wurden im Herbst 1939 wegen der Kiesaufschüttung für den geplanten Rangierbahnhof München-Nord abgebrochen. Der Untere Fasangarten wurde 1943 Opfer eines gegen den nahegelegenen Flughafen Schleißheim gerichteten Luftangriffs. Nur die ehem. Fasanerie Hartmannshofen blieb übrig. Sie wurde von dem Revierjäger Engelbert Brieschenk als Forsthaus und Gastwirtschaft bis 1920 bewirtschaftet. Ihm folgten noch weitere Pächter, bis der landwirtschaftliche Betrieb 1960 eingestellt und der Bereich von der Bayer. Verwaltung der staatl. Schlösser, Gärten und Seen zu einem insgesamt 25 ha großen Erholungsgelände umgestaltet wurde.

Der letzte Fasanenmeister im Oberen Fasangarten zu Moosach (1890–1916) Friedrich Sperr (1859–1935) und seine Frau Helene (1862–1940) (2. Juli 1932).

Georg Weiß (1777–1859), Fasanenmeister in Hartmannshofen (1829–57) (»Photographiert im Frühling 1859«).

Heinrich Weiß (1831–96), Fasanenmeister in Hartmannshofen (1857–71) (um 1890).

Luftaufnahme von Hartmannshofen von Westen (um 1912). Im Hintergrund rechts das Dorf Moosach mit dem Bahnhof und der Waggonfabrik Josef Rathgeber.

Luftaufnahme von Hartmannshofen von Süden (Postkarte um 1970).

Die Moosacher Tafern – eines der ältesten Münchner Wirtshäuser

An der Kreuzung der Straßenzüge von München nach Dachau und von Föhring nach Menzing am westlichen Dorfrand von Moosach (heute Dachauer Str. 274) war schon sehr früh eine Tafern entstanden. Der genaue Zeitpunkt der Entstehung, die ersten Eigentümer und Wirte, die Verleihung der Taferngerechtigkeit sind nicht bekannt. Auf alle Fälle steht jedoch fest, daß der »Alte Wirt« in Moosach heute zu Recht so heißt, denn er gehört zu den ältesten Wirtshäusern im heutigen München.

Eine Tafern war ein mit Real- oder Sonderrechten ausgestatteter besserer Gasthof mit Speisungs-, Tränkungs- und Beherbergungsverpflichtung im Gegensatz zur einfachen Schänke oder Bierzäpflerei, die nur das Ausschankrecht hatte. Beim Eintritt in eine Tafern mußten beispielsweise dem Wirt die Waffen abgeliefert werden.

Die alten schriftlichen Quellen des 8. und 9. Jahrhunderts lassen nicht darauf schließen, daß es im frühen Mittelalter bereits Wirtshäuser gegeben hat. Allerdings war ein Bedürfnis dafür auch noch nicht vorhanden, da zu dieser Zeit das Bier für den Hausgebrauch noch selbst zubereitet wurde. Die Verbesserungen im Brauverfahren ab dem 10. Jahrhundert hatten bald eine Einschränkung der Hausbetriebe und die Gründung großer Brauereien, vor allem in den Klöstern, zur Folge. Es ist deshalb anzunehmen, daß sich im Lauf des 11. und namentlich des 12. Jahrhunderts allgemein das Tafernwesen entwickelte. Im Bayerischen Landfrieden von 1244 wurde dann der Ausschank von Wein und sonstigem Getränk auf die Tafernen beschränkt; in den Bierschänken gab es nur Bier, was jüngere Rechtsordnungen des öfteren wiederholen, so das Landrecht Kaiser Ludwig des Bayern von 1334/35 bzw. 1346. Im Lauf der Zeit wuchs den Tafernen auch die Aufgabe der Beherbergung zu.

Die erste urkundliche Erwähnung der Moosacher Tafern finden wir am »Montag nach Mitterfasten 1442« (12. März 1442). Es handelt sich dabei um ein Leibgedingrevers des Chunz Stigelmair zu Moosach und seines Sohnes Hanns gegen Hartmann den Ebner zu München über zwei Hofstätten »zu Moosach im Dachauer Gericht«, wovon eine »Täferhaus« genannt wird. Als nächstes kommt uns dann die Moosacher Tafern am 11. März 1448 entgegen, als gleich sechs Münchner Schiedsrichter aufgeboten werden, die Stiftung einer Ewigmesse auf dem Kreuzaltar in St. Peter zu München durch Hartmann Ebner für rechtskräftig zu erklären, nachdem diese von dessen Erben angestritten worden war. Unter den zur Messe gestifteten Gütern befanden sich der Schragenhof, die Tafern und drei weitere Hofstätten zu Moosach.

Es läßt sich nicht mehr aufklären, wie die Ebner in den Besitz der Tafern gekommen sind. Wir wissen nur, daß 1382 Hans Rudolff, Bürger zu München, als Gerhabe des Synn von Feldmoching einen Hof an Ott

Das »Gasthaus zum Großwirt« (um 1910). Der Wirtsgarten mit einer Sommer-Kegelbahn lag damals gegenüber dem Wirtshaus auf der anderen Straßenseite, also südlich der Dachauer Straße (links im Bild).

Grebner, ebenfalls Bürger zu München, verkaufte. Grebners Witwe veräußerte diesen Hof am 24. April 1397 an »Chunrad den Ebner« (Konrad Ebner, den Vater Hartmanns) um 30 Pfund Pfennige. Da die Ebner weiteren Grundbesitz in Moosach besaßen, der allesamt etwa um die gleiche Zeit in ihren Besitz kam, dürfte demnach auch die Moosacher Tafern in der Zeit zwischen 1397 und 1448 ihren Besitzer gewechselt haben, da nicht anzunehmen ist, daß erst die Ebner das Wirtshaus errichteten. Somit entstand die Moosacher Tafern möglicherweise schon vor 1400, also vor nunmehr bald 600 Jahren.

Um die Mitte des 16. Jahrhunderts kam die Tafern in die Hand der Weiller-Lerchenfelder. Da sie seit 1565/66 Edelmannsfreiheit auf ihrem Moosacher Besitz hatten, wurde die Tafern in den Steuerlisten des Landgerichts Dachau nicht mehr aufgeführt. Erst in der Güterbeschreibung von 1580 taucht mit »Andree Ott Wirth« erstmals zweifelsfrei der Name des Wirts auf. Unter dem Ratskanzler Kaspar Lerchenfelder, dem auch das Feldmochinger Wirtshaus gehörte, saß Kaspar Stürzer als Wirt in Moosach. Von nun an ist die Reihenfolge der Wirte auf der Tafern ziemlich gut bekannt: 1598 Hans Hintermeier, vormals Schwaiger in Oberhochmutting, 1603 Georg Märkl, der zuvor Wirt in Taufkirchen war, und 1618 wird Balthasar Ehrmann als »hospes in Mosach« genannt.

Im Dreißigjährigen Krieg brannte 1632 das ganze Dorf Moosach nieder. Sechs Jahre später betrieb Bartholomäus Dänkhl den Wiederaufbau der Tafern. 1653 kam der aus Moosach stammende Andreas Hueter, »gewester Soldat im Veldt«, von der Kalten oder Neuen Herberge unter Mitnahme von zwei Tischen, zwei Stühlen und einer langen Bank in seinen Heimatort. 1658 erscheint dann wieder bis 1671 Bartholomäus Dänkhl. Ebenfalls von der unwirtlichen Neuherberge kam 1677, aller-

Das Besitzer-Ehepaar Franz Xaver und Maria Bum (1898–1914) mit dem Personal auf der Südseite vor dem Wirtshaus (um 1910).

dings über Ismaning, Blasius Seidl. 1691 ehelichte Simon Huber die Tochter Seidls. Paul Pentenrieder, Bauernsohn aus Nederling, »seiner Hantierung ein preuknecht«, wird 1715 und 1725 genannt. Ob sich die Nennung 1740 auch noch auf ihn oder bereits seinen Sohn bezieht, ist nicht klar.

Von 1742 bis 1822 saßen die Patzenhofer (Pazenhofer, Batzenhofer) auf der Moosacher Tafernwirtschaft. 1822 aber scheint Franz X. Patzenhofer in beträchtliche wirtschaftliche Schwierigkeiten geraten zu sein, denn der Dachauer Bierbrauer Franz X. Wieninger erwirkte ein Prioritäts-Urteil gegen Patzenhofer wegen Zahlungsunvermögen. Am 9. Dezember 1823 erhielt Wieninger die Eigentumsrechte übertragen, da Patzenhofer »auf die Gant geraten« und mehrere öffentliche Ausschreibungen keinen Käufer gebracht hatten. 1824 stieß Wieninger die Moosacher Tafern für 12 000 Gulden an den ehemaligen Wirt von Amperpettenbach, Johann Tafelmayr, ab. Die Tafelmayr blieben nun bis 1894 auf dem Wirtshaus. Von den Kindern von Johann Tafelmayr wurde Maria Wirtin in Feldmoching, Therese Schimmelwirtin in München, Johann Wirt in Neuhausen und Georg Wirt in Milbertshofen. Eine Adelheid Tafelmeier heiratete am 1. August 1864 den in ihrer unmittelbaren Nachbarschaft lebenden und tätigen Hufschmied Simon Graf – sie waren die Großeltern des Volksschauspielers Maxl Graf.

Nach dem Tod des letzten Tafelmeier ging der Altwirt 1886 auf Franz Xaver Bum über, der am 23. Juli 1911 zusehen mußte, wie ihm das Wirtshaus bei einem Großbrand ein Raub der Flammen wurde. Am 16. Juli 1914 erwarb die Löwenbrauerei München das Anwesen mit »Tafernwirtschaftsgerechtigkeit« von Franz Xaver und Maria Bum für 30 000 Reichsmark. Dem hohen Kaufpreis nach zu schließen, muß Bum das Gebäude, das durch Brandstiftung zugrunde gegangen war, inzwischen wieder aufgebaut haben. Das neue Gebäude wurde zurückversetzt. Das alte stand, wo heute die Straßenbahnschienen verlaufen.

Der »Alte Wirt« (1928). Vor dem Wirtshaus befand sich an der Dachauer Straße die Haltestelle für die von der seit 1936 in Moosach (Netzerstr. 65) ansässigen »Kraftverkehr Bayern G.m.b.H.« betriebene Buslinie vom Stiglmaierplatz nach Dachau, später verstärkt durch eine Linie vom »Alten Wirt« nach Ludwigsfeld, seit 5. Oktober 1970 als Linie 76 ins Stadtnetz einbezogen.

Der »Alte Wirt« (April 1993) von der Kreuzung Dachauer-/Pelkovenstraße (»Moosacher Stachus«) aus.

Ein Moosacher Bierbrauer in Berlin

Der Tod des Moosacher Tafernwirts Paul Pentenrieder etwa 1741/42 eröffnete Johann Georg Pazenhofer aus Aubing die Möglichkeit, durch Heirat der Witwe Katharina Pentenrieder, geborene Wild, Wirtstochter aus Ismaning, das immer noch einzige Moosacher Wirtshaus zu übernehmen. Aus dieser Ehe wurde am 30. Dezember 1742 ein Sohn getauft. Am 23. Oktober 1757 schloß derselbe Georg Pazenhofer mit der Wirtstochter Schröfl aus Planegg eine zweite Ehe; sie war die Schwester des langjährigen Winkelschullehrers in Moosach, Mathias Schröfl. Aus dieser Verbindung gingen zehn Kinder hervor. Der älteste Sohn Joseph, 1758 geboren, wurde Priester. Und Georg Patzenhofer heiratete sogar noch ein drittes Mal, diesmal Anna Bader. Er starb vermutlich 1778. Die Tafernwirtschaft übernahm 1780 der zwanzigjährige Sohn Franz Xaver, der im Jahr darauf Katharina Krazer aus Fahrenzhausen ehelichte. Franz Xaver Patzenhofer starb 1818. Die Schwester Maria, 1763 geboren, schloß 1797 mit Konrad Rieger, dem Besitzer der Lebenhauser(Löwenhauser)brauerei in der Sendlingerstraße in München, den Bund fürs Leben.

Der Bruder Hans Georg, am 13. November 1767 getauft, erlernte wahrscheinlich das Brauerhandwerk. Finanziell offensichtlich recht gut gestellt, erwarb er 1808 das ehemalige Moosacher Hofmarkschlößl samt den dazugehörigen Grundstücken. Am 9. Oktober 1813 heiratete er die Münchner Uhrmacherstochter Josepha Hengeler. Und im Moosacher Schlößl erblickte am 4. August 1815 der Sohn Georg das Licht der Welt; die Taufe des Kindes fand zwei Tage später in der gegenüberliegenden St.-Martin-Kirche statt, vorgenommen durch den Feldmochinger Pfarrer Georg Holzner.

Georg Patzenhofer erlernte in München ebenfalls das Braufach und war auch einige Jahre als Braumeister tätig. 1855 ging er nach Berlin und legte dort in der Neuen Königstraße den Grundstein zu einer kleinen Brauerei. Aufgrund der in München gesammelten Erfahrungen begann er als erster in Norddeutschland dunkles Bier zu brauen, das sich bald eine große Zahl von Freunden eroberte. Die Qualität des dunklen Biers sprach sich schnell herum und der Abnehmerkreis erweiterte sich in kurzer Zeit so stark, daß eine Vergrößerung der Brauerei unumgänglich war. Patzenhofer erwarb zu Beginn der sechziger Jahre ein Grundstück an der jetzt nicht mehr existierenden Papenstraße an der Marienkirche und errichtete dort ein Sudhaus mit Mälzerei, ausgestattet mit allen technischen Raffinessen der damaligen Zeit. Ein geeignetes Gelände für einen Bierkeller fand er auf einem der Friedrichshain gegenüberliegenden Hügel, Friedrichshöhe genannt. Und dieser gab dann schließlich der zweiten Brauerei den Namen.

»Niemand hat aber den Ruf des Patzenhofer-Bieres nachdrücklicher gefördert als Bismarck, der ein großer Bierkenner war. Bei den berühmten parlamentarischen Abenden im Reichskanzlerpalais pflegte Bismarck seinen Gästen den dunklen, schäumenden Trunk vorzusetzen«, können wir in der Brauerei-Chronik lesen, die aus der Zeit des Ersten Weltkriegs stammt.

Im Verlauf der Jahre zeichnete sich ein Aufschwung ohnegleichen ab. Schon 1871 mußte man der einstigen Privatbrauerei eine neue rechtliche Grundlage geben. Schließlich wurden schon 11 000 Tonnen Bier jährlich gebraut. So wurde der Betrieb in die »Actien-Brauerei Gesellschaft Friedrichshöhe vormals Patzenhofer« umgewandelt. »Bis zum heutigen Tage aber hat der Volksmund treu an dem alten, markig klingenden Namen ›Patzenhofer‹ fesgehalten, unter dieser Bezeichnung gehen die Biere der Brauerei in alle Welt und haben dem Namen ›Patzenhofer‹ eine weit über die Grenzen der engeren Heimat hinausreichende Popularität errungen«, vermerkt die alte Brauerei-Chronik.

Nicht lang nach der Gründung der Aktiengesellschaft starb Georg Patzenhofer 1873 in Berlin und wurde auf dem St.-Hedwig-Friedhof

Heute noch (oder wieder) vertreibt die Schultheiss-Brauerei AG Berlin Bier unter dem Namen des Moosachers Patzenhofer (Bierfilz 1993).

Die Tracht in Moosach

»Tracht« begann sich zu entwickeln, als sich mit dem Anbruch der Neuzeit die gesellschaftlichen Abstufungen zwischen Adel, Bürgern und Bauern schärfer abzuzeichnen begannen und sich die einzelnen Stände vor allem auch durch die Kleidung nach außen voneinander abzusetzen versuchten. Tracht war also am Anfang eindeutig eine Standeskleidung. Ein übriges zur Differenzierung der Gesellschaft taten dann ab dem 14. Jahrhundert die landesherrlichen Kleiderordnungen. Sie wandten sich zunächst nur an die Einwohner der Städte und riefen zur Mäßigung auf. Da wurden Arme und Reiche angesprochen und die Tracht der Männer und der Frauen geregelt, sowohl was die Kleidung als auch was die Haartracht betraf. Aber erst im 16. Jahrhundert und vor allem im 17. Jahrhundert wurde in den Erläuterungen zu den Kleiderordnungen die Notwendigkeit, die Standesunterschiede einzuhalten, auch angesprochen, so beispielsweise in der Polizeiordnung aus dem Jahr 1599. In seinem Mandat von 1651 tadelte Maximilian I. (1597–1651) nicht nur den eingerissenen Kleiderluxus, sondern desgleichen auch die Unordnung, die es unmöglich mache, einen Stand von dem anderen zu unterscheiden.

Inwieweit der Kurfürst damit jedoch so kurz nach dem Ende des 30jährigen Krieges beim Landvolk auf Verständnis stieß, ist nicht überliefert. Gerade in den manchmal sogar (wie beispielsweise Moosach) vollständig zerstörten Orten um München hatten die Bauern andere Sorgen, als sich um Putz und Prunk der Kleidung zu kümmern, war man doch nicht selten froh, am Ende überhaupt noch irgend etwas zum Anziehen zu finden.

Dennoch ergingen in der Nachfolge wiederholt umfassende Kleiderordnungen und in der Zeit dazwischen Briefe, Dekrete und Mahnungen zur Einhaltung der Ordnungen, gegen Kleiderluxus, Hoffart, Dekolletés und immer wieder gegen zu kurze Weiberröcke. Mit dem Aufblühen des üppigen Barock in der zweiten Hälfte des 17. Jahrhunderts scheint das Problem einer neuen Kleiderordnung wieder besonders dringlich geworden zu sein. Auch folgte auf den gutmütigen Kurfürsten Ferdinand Maria (1654–79) der absolutistische Barockfürst Maximilian II. Emanuel (1680–1726), der die Kleidung seiner Untertanen wieder strenger reglementierte. Die »Kleiderordnung de anno 1697« umfaßte nur sechs Standesgruppen, die in den Überschriften als »Classen« bezeichnet wurden. Danach kann der Bauernstand alles tragen, was er selber fertigt, dazu Landtuch und Zeug in einem bestimmten Wert. Zu Hochzeiten soll den Ledigen ein Kranz aus Samt bewilligt sein, jedoch keine Borten aus Seide oder Samt. Natürlich gab bei den Bäuerinnen auch wieder einmal die Rocklänge, vor allem der Jugend, Anlaß zur Beanstandung. Künftig sollten die Röcke mindestens bis auf die Wade reichen und, damit die Angehörigen des Bauernstandes sofort zu erkennen seien, sollten sie die »flitschen« (Unterröcke) eine Spanne unter ihren Röcken vorgehen

beigesetzt. Die Aktiengesellschaft braute schon im ersten Jahr ihres Bestehens 32 236 Hektoliter Bier, und der Absatz erhöhte sich weiter. Das Patzenhofersche Stammhaus an der Papenstraße fiel 1886 der Spitzhacke zum Opfer. Heute ist die ehemalige Patzenhofersche Brauerei Teil der Dortmunder Union-Schultheiss-Brauerei, nachdem die Aktiengesellschaft nochmals umfirmiert und den Namen Schultheiss-Patzenhofer-Brauerei angenommen hatte. Aber der Name Patzenhofer ist bei einigen Produkten noch nicht ganz verschwunden.

Abkömmlinge der Patzenhofer-Sippe finden wir als Wirte in Ascheim bei München. Einen Neffen von Georg Patzenhofer verschlug es nach Ungarn, wo der Fabrikant und Gutsbesitzer Herbert Patzenhofer sogar »Edler von Darufalva« wurde. Friedrich Patzenhofer war Brauereibesitzer in Prun am Gebirge in Österreich. Seine Tochter wiederum heiratete am 25. Mai 1884 den Münchner Kommerzienrat Johann Nepomuk Sedlmaier (Spatenbrauerei).

Ausschnitt aus der Votivtafel in St. Leonhard bei Siegertsbrunn (verschollen): »EXVOTO: Caspar Hämerl Churfürstlicher Fasonmeister zu Mosach. 1796«; links der Fasanenmeister in Dienstkleidung (grüner Justaucorps [Rock] mit Silberknöpfen, silberbordiertes Kamisol [Weste] ebenfalls mit Silberknöpfen, grüne Bundhose), daneben offensichtlich ein Fasanenjunge (da er ebenfalls Dienstkleidung trägt) und dann ein Sohn; rechts die Frau des Fasanenmeisters und eine (dem Gewand nach ledige) Tochter in der Ampertaler bzw. Dachauer Tracht.

lassen. Auf diese Vorschrift dürfte wohl der spätere rot-gelbe Vorstoß an den Röcken der Dachauerinnen zurückgehen.

Versuchte man mit diesen Ordnungen im 17. Jahrhundert vor allen Dingen also die Ehrbarkeit aufrechtzuerhalten, so zielten die Verbote im 18. Jahrhundert vornehmlich auf wirtschaftliche Sicherung durch Einschränkung der importierten Luxusgüter und der Gold- und Silbertracht bei Bürgern und Bauern. So wurde in den Mandaten aus den Jahren 1730, 1747, 1750, 1751 und 1752 der Bauernschaft immer wieder nur die Verwendung von Tuchen und Zeugen gestattet, die in Bayern hergestellt worden waren.

Mit dem Ende der Kleiderordnungen im 18. Jahrhundert endete auch die detaillierte Einteilung der Stände und Berufsgruppen anhand der Kleidung, zumal die rangmäßigen Unterschiede in der einsetzenden Aufklärung und schließlich durch die Französische Revolution immer mehr an Bedeutung verloren. Die städtisch-bürgerliche Kleidung unterwarf sich seit dem Barock sowieso rascher der wechselnden Mode. Auf dem Land war man dagegen noch stärker der Tradition verhaftet und verharrte länger beim alten. Hier setzte im ausgehenden 18. Jahrhundert eine reiche Differenzierung der Trachten nach Gegenden, Religionen, sozialem und Familienstand ein. Während in der Stadt die neue dunkle Kleidung des Bürgers mit Zylinder, Frack und »Pantalons« (langer Hose) als »revolutionär« galt, sollte es noch Jahrzehnte dauern, bis sich die lange Hose der dafür zuerst als »Sansculotten« (»Ohnekniehosen«) verspotteten proletarischen Revolutionäre auch auf dem Land endgültig durchsetzen konnte.

Bis dahin trugen die Männer fast ausnahmslos eine Bundhose. Das können wir auch auf einer der frühesten bekannten Abbildungen von Trachten im Münchner Nordwesten erkennen, nämlich auf dem 1734 entstandenen Gemälde »Turnierrennen auf Hirsche bei Allach am sog. Grünen Haus« des Hofmalers Peter Jakob Horemans (1700–76) in der Amalienburg. In der rechten Bildhälfte lagern unter den Bäumen Bauern aus der Umgebung. Die Männer tragen Bundhose, schwarz oder möglicherweise braun, und ebenfalls meist braune Joppe, die Frauen einen schwarzen Rock mit rotem Mieder oder Leibl und weißem Hemd. Dieses Erscheinungsbild der Bauern aus unserer Gegend wird auf einem weiteren Gemälde Horemans' in der Amalienburg aus dem Jahr 1772 bestätigt. Es handelt sich diesmal um »Kurfürst Karl Albrecht und Kurfürstin Maria Amalia mit der Hofgesellschaft bei der Falkenbeize am sog. Vogelhaus«, das wie das Grüne Haus zwischen der Angerlohe und dem Allacher Forst bzw. zwischen Moosach und Allach stand. Das dargestellte Ereignis fand allerdings bereits am 29. Juni 1741 statt.

Zu den wichtigsten frühen schriftlichen Zeugnissen über die Kleidung der Bevölkerung gehört das nach dem Ableben eines Bauern oder einer Bäuerin erstellte Inventarium bzw. volkstümlich ausgedrückt, das »Verlassenschaftsverzeichnis«. Wie uns eine »Spezifikation vom 28. April 1792« zeigt, war der Besitz an Kleidungsstücken bei den verstorbenen Leerhäusler- und Zimmermann-Eheleuten Philipp und Agnes Ertl von Moosach schon überraschend umfangreich:

»1 feichtener [fichtener] Kasten: 5 Manns Hemder, 3 Paar blaue Mannsstrimpf, 1 weißer Schaber [Arbeitsschurz], 1 Paar Schuh samt Schnallen, 2 schwarze Mannshüte, 1 rotes Leibstückl, dergleichen mit zinnernen Knöpfen, 1 dergleichen, 1 blauer Jänker mit zinnernen Knöpfen, 1 schwarzlederne Hosen mit grünen Hosentrager, 1 gräblicht tüechener [gräulicher Tuch-] Rock, dergleichen blautüechner, 1 blau tüechener Jänker mit zinn. Knöpfen, 1 grauer Jänker, 1 weiß parchetes [barchentes] Leibl, 1 rupfene Hosen, 1 alte r.H., 1 alter Flor, 1 wollenes Paar Strümpf, 1 grüne alte Hauben..., 1 blauer Weiber Sturz [laut Schmeller: Weiberrock, der an das Mieder angenäht getragen wird], 1 roter Sturz, 1 rot tüchener Sturz, 1 grünes Unterröckl, 1 schwarzer Sturz, 1 grünes Unterröckl, 1 blau Domascener Sturz, 1 detto roter mit weiß guten Bördeln, 2 weiße Fürtücher, 1 rot Domascener Brustfleck mit e. weißen Borden, 1 blau Domascener Br., 5 unterschiedliche Brustfleck, 2 blaue Fürtücher mit Bördeln, 1 schwarzes Fürtuch, 1 schwarzes Schälckl [Jackerl], 1 blau kardones [?] Schälkel, 1 blau komesinenes [?] Schälkel, 3 Hals Ketteln, 2 weiße Hauben, 3 Goller, 4 Goller, 4 Weiber Hemder, 1 weißes Jänkerl, 1 paar weiße Erbel [?], 2 paar weiß baumwollene Strümpf, 1 samtene Ohrenhauben, 1 alte Ohrenhauben, 2 schwarze Winterhüte, 1 grauer Jänker, 1 blau kardoner Jänker, 2 Ellen Haarbändl, 1 rothes Schnupftüchel, 1 schwarzer Flor, 1 rupfes Handtuch.«

Ausschnitt aus einer Votivtafel in St. Leonhard bei Siegertsbrunn: »Die gemeinte Moosach bitten durch den heilligen Leonardus bey gott gnade zu finden. Ex voto 1801«. Links oben ist Moosach zu sehen, rechts Siegertsbrunn, vorn der Zug der Wallfahrer: Kreuzträger, Fahnenträger, Männer in der Ampertaler bzw. Dachauer Tracht, den Hut zum Gebet unter den Arm geklemmt, dann der Pfarrer im Chorrock, und schließlich die ledigen und dahinter die verheirateten Frauen, ebenfalls in Tracht.

Eine weitere wichtige bildliche Quelle für die Tracht sind Votivtafeln, da sie in der Regel neben der Abbildung des Wallfahrtsgrunds und eventuell -ziels auch den oder die Stifter in Tracht zeigen und im Text Jahreszahl, Namen und Herkunftsort nennen. Gerade in einer Zeit, da man eine Viehseuche mangels anderer Erklärung noch für eine Heimsuchung Gottes hielt, genoß der Viehpatron St. Leonhard besondere Verehrung.

Er wurde deshalb auch 1796 von »Caspar Hämerl Chur-Fürstlicher Fasonmeister zu Mosach« angerufen, aber die entsprechende Votivtafel in Siegertsbrunn ist leider seit Jahren abgängig. Darauf war vor einer Viehherde unter dem hl. Leonhard links der Fasanenmeister Hämmerl mit zwei Söhnen oder Fasanengehilfen im barocken Justaucorps und einreihiger Weste zu sehen, rechts präsentierten sich Frau Hämmerl mit Tochter im schönsten Festtagsgewand.

»Die gemeinte Moosach bitten durch den heilligen Leonardus bey gott gnade zu finden. Ex voto 1801«: Auf diesem Votivbild sind oben links das Dorf Moosach und rechts Siegertsbrunn zu sehen. Unten sind die Rinder dargestellt, derentwegen die Wallfahrer in der Mitte des Bildes in den Münchner Osten gezogen sind. Das Interessanteste an der Votivtafel ist wieder eindeutig die Tracht der Wallfahrer. In dem auch hier genau wiedergegebenen streng geordneten Zug der Wallfahrer folgen dem Kreuzträger und zwei Fahnenträgern etwa 20 Männer, die ihren schwarzen Hut mit breitem Rand unter den Arm geklemmt haben. Die Moosacher tragen schwarze Bundhosen mit blauen oder weißen Strümpfen und schwarze Halbschuhe. Die Farbe der Westen ist rot, die der Überröcke dunkel- bis hellblau, vereinzelt allerdings auch braun. Die Gruppe der Moosacher Frauen hinter dem Pfarrer wird von zwei offensichtlich ledigen in weißem Gewand mit dunklem bzw. blauem Schurz und weißer Haube angeführt. Alle anderen Frauen tragen schwarzen Kittel mit blauem oder (bei den Witwen?) schwarzem Schurz, dazu ein Schälckl, wobei die Farben schwarz (mit roter Auszier) und blau erkennbar sind. Da die Schälckl auch hier die Oberkörper nicht ganz umschließen, sind wieder die rotgoldenen Vorstecker mit dem goldenen Bandgeschnür sichtbar.

Der schwarze Hut mit dem typischen breiten Rand sitzt den Moosacher Frauen auf den ersten Blick merkwürdig schief auf dem Kopf. Das kommt aber – wie bei näherem Hinsehen erkennbar – davon, daß die Moosacherinnen unter dem Hut erst noch eine pelzbesetzte Kappe tragen, wie dies für das Dachauer Gebiet charakteristisch ist. Diese auffallende Mehrteiligkeit der Kopfbedeckung bei der Frauentracht hat sich damit hier um München länger gehalten als in anderen Trachtenlandschaften, wo sie mitunter nur bis in das frühe 18. Jahrhundert reicht. Die Moosacherinnen haben die Hände zum Gebet gefaltet und darüber einen roten Rosenkranz (aus Korallen) hängen, während der der Männer – wie im altbairischen Raum üblich – braun ist.

In Maria Eich finden wir dann noch eine Votivtafel von einem (offensichtlich unverheirateten, weil allein abgebildeten) Moosacher, dessen Grund für die Wallfahrt bzw. dessen Bittgesuch weder bildlich noch textlich überliefert ist: »Joseph Rieger Heuslers Sohn in Moosach, Verlobte sich zu der Gnadenmuter hieher, hat durch Fürbitte derselben bei Gott Hilfe erhalten im Jahre 1854.« Bemerkenswert ist, daß der mit gefalteten Händen und einem braunen Rosenkranz vor der Wallfahrtskirche in der Eich kniende Votant einen blauen Überrock trägt.

Mit der Zuordnung Moosachs ab 1803 zu dem neugebildeten Landgericht München endete auch die jahrhundertelange Bindung dieses Orts an den Dachauer Kulturraum. Durch die nahe Lage zur Stadt ging man früher als auf dem Land von der Tracht ab und nahm zunehmend städtisch-bürgerliche Kleidung an, die Männer früher als die Frauen. Letztere ahmten dafür die Tracht der Münchnerinnen mit dem charakteristischen Mieder mit Silbergeschnür, Riegelhaube und Kropfkette nach.

Die Nöte des Schullehrers Schröfel

Einen Markstein für die schulgeschichtliche Entwicklung in Bayern brachte das Jahr 1616 unter dem als besonders reformfreudig bekannten Herzog Maximilian I. Hatte bisher lediglich das örtliche Bedürfnis und damit der Wille der Schulbesucher den Charakter der Schule bestimmt, so wurde nunmehr durch gesetzliche Organisation der rein deutschen Schule der Vorrang eingeräumt. Die gemischten deutsch-lateinischen und die rein lateinischen Dorf-Pfarrschulen sollten abgeschafft werden. Das Schulbesuchsalter für das »Bawrnkind« wurde auf das 12. Lebensjahr begrenzt. Neue deutsche Schulen durften in Dörfern nur mit Regierungsgenehmigung errichtet werden. Gegen Ende des Dreißigjährigen Krieges (1643 und 1647) verlangte Kurfürst Maximilian, daß da, wo »noch keine Schulen sind, Schulmeister aufgestellt, und nebst ihrem zu beziehenden Schulgeld mit Vorwissen und Einwilligung der Ordinarien jedes Ortes von den vermöglichen Gotteshäusern der Unterhalt derselben bestritten werde«.

Wann genau in Moosach zum ersten Mal Schule gehalten worden ist, kann nicht ausgemacht werden. Aber man kann ohne weiteres davon ausgehen, daß dies unter den auch sonst mit Moosach wohlmeinenden ersten Hofmarksherren von Pelkoven geschehen ist, spätestens in den beiden ersten Jahrzehnten des 18. Jahrhunderts unter Maximilian von Pelkoven. Der einzige Hinweis darauf findet sich im Sterbebuch der Pfarrei Feldmoching für die Jahre 1714 bis 1752, in dem notiert ist, daß am 12. Juni 1729 Georgius Schuster, »ludimagister Mosaccii«, im Alter von 56 Jahren gestorben ist. Und ein Magister war immerhin ein graduierter Lehrer.

In jener Zeit bestand immer noch keine allgemeine Schulpflicht. Zwar bestimmte 1778 eine kurfürstliche Verordnung: »Alle Eltern haben ihre Kinder in die öffentlichen Schulen zu bringen«, doch war der Bau eventueller Schulhäuser noch gar nicht auf den Besuch aller schulfähigen Kinder ausgerichtet, sondern nur »auf jene, die nach ihrem und ihrer Eltern Belieben kommen wollten«. Erst die Verordnung vom 13. Dezember 1802 brachte endgültig die Festsetzung der allgemeinen Schulpflicht. Immerhin waren nach Einführung der Normalschule ab 1770 in Bayern alle Orte mit Stadt- und Marktrecht und mit eigener Gemeindehoheit (also nicht auch schon die Hofmarken) mit staatlich konzessionierten und ab 1774 vom Schuldirektorium im Geistlichen Rath beaufsichtigten Schulen ausgestattet worden, aber bis zu einem geordneten, gegliederten Schulbetrieb und vor allem bis zu einer wirtschaftlichen Sicherung der Lehrer war es noch ein weiter Weg.

Überall dort, wo nicht finanzkräftige Stadt- und Marktgemeinden oder Pfarreien und Klöster für einen ausreichenden Schulunterhalt sorgten, herrschten zum Teil katastrophale Zustände. Die Lehrer hatten wesentlich geringere Bezüge als die meisten Handwerker, und sogar die gehobenen Dienstboten in der Landwirtschaft mußten sich trotz einer

Unzahl staatlicher Verbote als Metzger, Zimmerer, Ferkelkastrierer, Mesner, Totengräber oder Gelegenheitsschreiber verdingen, um überhaupt bestehen zu können.

Die Bezüge der Lehrer an den damaligen Schulen sind zwar nicht genau festgestellt worden, aber eine Fülle von Aktenfunden läßt darauf schließen, daß sie zwischen 80 und 120 Gulden im Jahr schwankten, ein Betrag, der in der Nähe des Existenzminimums lag. Der Grund lag vor allem darin, daß es der staatlichen Verwaltung nicht gelang, den 1771 gegründeten Schulfonds so auszustatten und die eingegangenen Mittel so zu verteilen, daß tatsächlich eine geordnete und gesicherte Lehrerbesoldung möglich war.

In der Hofmark Moosach lagen die Dinge dabei noch besonders im argen. Immerhin ist es jedoch der Gräfin Maria Ignatia von Hörwarth, die sich nach Veit Adam und Maximilian von Pelkoven am meisten um die Hofmark verdient gemacht hat, zu verdanken, daß zwischen 1760 und 1765 ein zweiter Versuch mit einer Schule in Moosach unternommen wurde. Dem Inspektionsbericht des Schulinspektors Alois Schugraf aus Aubing im Mai 1803 über diese Moosacher Winkelschule entnehmen wir: »Mathias Schröfel wurde schon vor vielen Jahren von der gräflich Hörwarth'schen Herrschaft in Moosach um das Schulhalten angegangen. Schröfel M. kam dieser Anregung gerne nach, mußte er sich doch als Maurer auch im Winter Geld verschaffen.«

Mathias Schröfel war ein Bruder der Moosacher Wirtin Maria Pazenhofer aus Planegg. Daraus erklärt sich auch die Tatsache, daß Schröfel im Tagewerkerhäusl der Tafernwirtschaft wohnte. Schröfel hatte vier Kinder; er wird im Taufbuch in Feldmoching als »ludimagister Mosacii« bezeichnet, was allerdings etwas großzügig ist, denn graduierter Schulmeister war er nicht. Er hatte zwar einmal ein »Studium« begonnen, wurde aber dann Maurer. Schulgehalten wurde in Moosach nur in den Wintermonaten, die übrige Zeit des Jahres arbeitete Schröfel als Maurer. Als Schulraum diente Schröfels Wohnzimmer, wo er die Moosacher Kinder im Lesen, Schreiben und Rechnen unterrichtete. Auch Religionsunterricht wurde erteilt.

In Neuhausen war die Situation nicht viel anders; der dortige Lehrer Georg Seidl war Gärtner und hielt wie sein Moosacher Kollege nur im Winter Schule. In Feldmoching traktierte von 1678 bis 1714 Martin Walser im Hinterstüberl seines Häusls die Kinder mit dem Abc, während seine Frau Rosina nach vorn hinaus in ihrer Krämerei Eier, Käse, Brot, Seife und Brannwein verkaufte.

In dem bereits erwähnten Visitationsbericht des Schulinspektors Pfarrer Alois Schuhgraf von Aubing wurde außerdem vermerkt: »Die Winkelschule wird zwar von den schulfähigen Kindern besucht, nimmt aber schon im März ihr Ende. Von März bis zum Ende des Herbstmonates kommen also nur wenig Kinder in die Schule.« Über die verwendeten Schulbücher lesen wir: »In Allach hatte man planmäßige und gleichförmige Bücher, in Feldmoching und Moosach hatten mehrere Kinder noch alte, planwidrige Schulbücher. Herr Pfarrer von Feldmoching versprach, für planmäßige Bücher zu sorgen. Die Schullehrer von Neuhausen und Moosach sind zwar nie geprüft worden, doch sind sie an Fähigkeiten und Geschicklichkeiten den ersteren (gemeint waren die Lehrer in Allach und Feldmoching) gewiß gleich, wo nicht überlegen. Da sie bisher weder eine Besoldung noch andere Nützungen genossen haben und sich von dem wenigen, nur im Winter gefallenen Schulgeld nicht ernähren können, so ist es ihnen nicht zu verdenken, daß sie sich durch Handarbeit, jener durch Maurertagelohn, dieser durch seine Gärtnerkunst Brot und Unterhalt zu verschaffen suchen. Bei Gewährung eines hinreichenden Unterhaltes erbieten sich beide, das ganze Jahr hindurch Schule zu halten.«

Einem anderen Bericht vom 15. März 1803 können wir entnehmen: »Der verheiratete Lehrer Schrefl, seiner Profession nach, die er allerdings nicht mehr ausführen kann, ein Maurer, erklärt sich bereit, auf Anbefehlung sich der Prüfung als Schullehrer zu unterziehen. Seine einzige Einnahme besteht in höchstens 35 Gulden 50 Kreuzer Schulgeld (etwa 28 Kinder) und den Bezügen als Organist, so daß seine Gesamteinnahme 38 Gulden 50 Kreuzer beträgt. Für seine Herberge im Tagewerkerhaus des Wirtes, in der er auch Schule hält, bezahlt er 8 Gulden Jahresmiete.«

Das war ein Einkommen, das schon weit unter dem Existenzminimum lag. Ein andermal wird die Schülerzahl für 1803 mit insgesamt 26 angegeben (18 männlich und 8 weiblich). Da aber auch aus der Umgebung noch Kinder kamen, wird die wirkliche Schülerzahl wohl um die 35 betragen haben (20 männlich und 15 weiblich). Nur zwei Eltern konnten in Moosach das Schulgeld nicht aufbringen (in Allach 10 und in Feldmoching 18). Außer als Organist aber scheint Schröfel aus weiterem Kirchendienst nichts verdient zu haben.

Die Moosacher Schulsituation veränderte sich schlagartig durch die Gründung Ludwigsfelds. Unter Hausnummer 5 war in Ludwigsfeld mit Hilfe des Staates von Mitgliedern der Bayerischen Akademie der Wissenschaften aus Verehrung zu dem großen Gelehrten Prof. Sebastian Mutschelle bereits im März 1802 auch eine Schule errichtet worden. Dazu kommt, daß noch im selben Jahr durch Verordnung vom 13. Dezember 1802 alle Eltern in Bayern verpflichtet wurden, ihre Kinder vom 6. bis 12. Lebensjahr in die Werktagsschule zu schicken. Am 12. September 1803 wurde überdies der Besuch einer Sonntagsschule angeordnet.

Diesen veränderten Anforderungen war Schröfel nicht mehr gewachsen, und so wurde von den staatlichen Behörden die Auflösung der Moosacher Winkelschule betrieben. Der Dachauer Landrichter von Lippert schrieb am 15. März 1803: »Nachdem die Schule zu Feldmoching eine halbe Stunde, zu Neuhausen ¾ Stund, Nymphenburg eine halbe Stunde und Ludwigsfeld, wo ohnehin ein junger, im Schulhalten äußerst geschickter Schullehrer, Niklas Schleibinger, erst vor einem halben Jahr gnädigst aufgestellt worden, nur eine starke Viertel Stund entfernt ist, auch kein ordentliches Schulhaus oder Fond, woher eine jährliche addition... bestimmt werden könnte, vorhanden, überdieß Schrefl mehr seine Profession als den normalmäßigen Schulunterricht kundig und geneigt zu sein scheint, so dürfte die Schule von Moosach aufgehoben und die... Kinder nach Ludwigfeld angewiesen werden.«

Tatsächlich war dem Lehrer Schleibinger in Ludwigsfeld die Zahl seiner Schulkinder zuwenig, und er bemühte sich darum, daß ihm auch »die schulfähigen Kinder vom Dorfe Moosach, welches ohnehin nur eine starke Viertelstunde von Ludwigsfeld entfernt ist und ohnehin kein im Normalunterricht erfahrener und geprüfter Lehrer, sondern nur ein Maurer sich befindet«, seiner Schule zugeteilt würden. Zuvor wurde am 10. Juli 1803 der kurfürstliche Lokalschulinspektor Pfarrer Rauschmayer von Feldmoching um Stellungnahme gebeten. Er berichtete der Schuldirektion: »Auf den mir de dato 6. et praes. 10. July zugefertigten gnädigsten Befehl habe ich gehorsamst zu berichten, daß die bisher zur Schule in Moosach gehörigen schulfähigen Kinder, da einerseits in Moosach selbst eine gute Schule herzustellen alle Mittel gänzlich fehlen, andrerseits aber in Ludwigsfeld wirklich eine gute Schule besteht, von Moosach nur eine ½ Std. entlegen und der Weg dahin wegen der von Moosach nach Ludwigsfeld führenden Landstraße auch bei der rauhesten Winterzeit gleich gebahnt ist, allerdings zur Schule Ludwigsfeld angewiesen werden können.«

Jedoch machte Rauschmayer geltend, »daß zwar von Seite der Pfarr Wunsch gewesen wäre, sowohl den Schullehrer Schrefl bey seinem 39 Jahr versehenen Schuldienst, als auch zu mehrere Bequemlichkeit der Schuljugend in Moosach die Schule fortbestehen zu lassen...« Daraufhin erfolgte am 21. Juli 1803 die Aufhebung der Winkelschule Moosach: »Es wird dem churfürstlichen Landgericht Dachau und dem Schulinspektor in Aubing bekanntgemacht, daß man die Winkelschule in Moosach hat eingehen und dem Pfarrer Rauschmayer den Befehl hat zukommen lassen, die schulfähigen Kinder von Moosach künftig zur Schule nach Ludwigsfeld einzuweisen.«

Die Moosacher selber hatte man nicht gefragt, und die dachten auch nicht daran, ihre Kinder nach Ludwigsfeld zu schicken. Mathias Schröfel unterwies auch noch im Winter 1803/04 die Moosacher Kinder in seinem Stüberl im Lesen und Schreiben. Zugleich richteten die Moosacher am 7. Dezember 1803 ein Bittgesuch an das kurfürstliche General- und Schulendirektorium und baten um Beibehaltung der Schule im Dorf: »Bisher genossen unsere Kinder schon in die etlich und 30 Jahr den Unterricht in unserem Dorfe, den hier ein gewisser M. Schröfel, der studiert hatte, in der Folge aber Maurer ward, jedesmal den Winter über im Lesen, Schreiben und Rechnen unter der Aufsicht eines jeweiligen Provisors von Feldmoching gab. Bisher hatten wir unsere Kinder immer unter den Augen behalten und wußten sie frei von Gefahren, denen andere Kinder bei ihrer weiten Schulwanderung ausgesetzt sind. Diese Gefahren treten nun aber für unsere Kleinen, welche nach der Schule zu Ludwigsfeld angewiesen sind, in vielfältiger Rücksicht ein. Denn obgleich sie auf der Straße dorthin kommen können, so sind sie doch bei ihrem unreifen Verstande ohne Aufsicht sich selbst überlassen; sie laufen, um früher zur Schule zu kommen, den Wägen und Schlitten nach und dabei Gefahr, gerädert, geschleift oder sonst verunglückt zu werden, und wie es immer zu sein pflegt, daß unter den vielen Guten sich sicher einige böse Jungen befinden, so gibt es bei solchen Wanderungen zur Schule Gelegenheit zur Verführung, Abartung und namenlosen Possen. Ferner kommt zu beherzigen, daß im Winter selbst die beste Straße über Nacht verschneit und so zum unsicheren Fußsteig werden kann. Wie übel sind die armen leicht gekleideten Kleinen daran, wenn eine grimmige, anhaltende Kälte einfällt und sie bei derselben eine gute halbe Stunde zur Schule hin und heim laufen sollen... Wenn die Schule zu Ludwigsfeld sich um 10 Uhr früh endet und erst wieder um ein Uhr nachmittags anfängt, womit und wie bringen die Kinder den müßigen Zeitraum von drei Stunden zu oder sollen sie, was im Winter äußerst beschwerlich wäre, zweimal des Tages hin und her immer der neuen Gefahr zueilen? Wie leicht wäre diesem in jeder Rücksicht begründeten Übel bei unserer Gemeinde abzuhelfen, wenn uns nur auf einige Weise eine Unterstützung zur Ausführung unseres Vorhabens zugedacht werden wollte und bis zur Realisierung dieser unserer Wünsche uns gnädigst gestattet würde, daß wir unseren Kindern ihren Unterricht wenigstens diesen Winter über noch bei Hause von obengenanntem Lehrer fortgenießen lassen dürften. Unser Dorf besteht aus 41 Höfen, woraus sich immer auf eine so hinreichende Anzahl schulfähiger Kinder schließen läßt, daß es sich der Mühe lohnte, eine eigene Schule zu gründen, und zwar um so mehr als noch andere nahe gelegene einzelne Hofgüter beigezogen werden könnten. Wir haben eine Benefizium, welches gegenwärtig wirklich vakant ist (Benefiziat Schmid † 14. Okt. 1803) und weil es nur 200 Gulden trägt, der Sage nach nicht wieder besetzt, sondern zur Pfarrei Feldmoching gezogen werden soll. Unwissend, wer dieses Benefizium eigentlich zu vergeben hat, glaubten wir doch, daß uns seine Wiederbesetzung in jeder Hinsicht vorteilhaft wäre, da wir hiedurch den Grund zu einer eigenen Schule legen könnten. Es existiert bei diesem Benefizium ein Haus mit einem kleinen Wurzgarten, worin für eine Schule neben dem Benefiziaten nötige Wohnung noch Raum genug wäre. Der Lehrer könnte auch zur Mehrung seines Einkommens den einmal vakant werdenden, wohl einträglichen Mesnerdienst übernehmen.«

Aber es nützte nichts. Trotzdem unterrichtete Mathias Schröfel unverändert auch im Winter 1804/05 die Moosacher Kinder. Als er dies offensichtlich im Jahr darauf wieder tun wollte, griff der neue Lehrer in Ludwigsfeld, Jakob Blum, zur Feder und verlangte in einer Eingabe am 8. Oktober 1805, »dem Maurer Schröfel den geschärftesten Auftrag zur Unterlassung der Haltung der Winkelschule zu geben, wozu er weder Kenntnisse noch Lokal hat und dies nicht nur ein Nachteil für die Kinder, sondern auch für ihn [Blum] an Einkommen und Ehre« sei. Daraufhin wurde die Winkelschule in Moosach endgültig geschlossen und die Moosacher Kinder mußten fortan nach Ludwigsfeld gehen. Da auch die Karlsfelder Kinder in Ludwigsfeld zur Schule gingen, umfaßte diese 1805 37 Werktagsschüler. Erst 1839 entstand in Moosach wieder eine eigene Schule.

Das Eisfahren als Nebenerwerb

Bier hatte früher nicht die Bedeutung wie heute. Die Weltgeltung des Münchner Biers datiert überhaupt erst aus der zweiten Hälfte des 19. Jahrhunderts. Von lokaler Bedeutung für diese Stadt ist das Bier freilich schon seit dem Mittelalter. Das Problem war, daß es bis zur Erfindung elektrischer Kühlanlagen kaum möglich war, im Sommer Bier zu brauen. Das Brauen des untergärigen braunen Gerstenbiers war auf das Winterhalbjahr zwischen Michaeli (29. September) und Georgi (23. April) beschränkt, während das obergärige Gersten- und Weizenbier das ganze Jahr über unter landesherrlichem Monopol erzeugt wurde. Das im Winter zum Verkauf kommende frisch gebraute Braunbier war von geringerer Qualität und niedrigerem Preis als das für die warmen Sommermonate eingesottene und wegen der Gefahr des Sauerwerdens stärker gehopfte Bier, dessen Erzeugung bis März abgeschlossen sein mußte, weshalb es auch »Märzen- oder Sommerbier« genannt wurde. Gab es einen heißen Sommer, dann konnte es passieren, daß das Sommerbier vorzeitig zu Ende ging oder bei unzureichender Lagerung schlecht wurde. Oder es war auch der Herbst sehr warm, dann dauerte es noch lang, bis frisches Bier zur Verfügung stand, da erst nach Eintritt der kühlen Witterung wieder gebraut werden konnte.

Der Wandel des Biers vom reinen Nahrungs- zum Genußmittel begann in der zweiten Hälfte des 18. Jahrhunderts, als man darüber nachdachte, wie man die Lagermöglichkeiten für das Sommerbier, als auch die Gärkühlung beim Brauen verbessern könnte. So kam man erst einmal darauf, in die Isarhänge sog. Märzenkeller (später »Sommerbierkeller«) vorzutreiben. Der Münchner Bürger und Maurermeister Caspar Trisberger baute als erster 1773–75 Ecke Rosenheimer/Hochstraße drei solcher Märzenkeller. 1791 folgte auf einem Grundstück des Leprosenhauses an der (1856 so benannten) Kellerstraße in Haidhausen der Zengerbräukeller. Nach 1800 wurden auch am westlichen Isarhang Bierkeller gebaut. Zum Kühlhalten der laufend zahlreicher werdenden Bierkeller pflanzten die Brauereien breitausladende, schattenspendende Bäume, vor allem Kastanien. 1799 bzw. endgültig 1805 fielen auch die »Zwangs- und Bannrechte«, Zunftauflagen, mit denen nicht nur die Bierproduktion stark eingeschränkt worden war.

In diesen Sommerbierkellern gaben die Brauereien zunächst Bier an gute Stammkunden ab. Nach und nach erreichten die Brauer eine offizielle Schankerlaubnis gegen den Widerstand der Wirte und vor allem jener kleinen Brauer, die sich keinen solchen Keller leisten konnten. Bedingung für die Schankerlaubnis war, daß keine Speisen verabreicht wurden. Trotzdem ließen die schattenspendenden Bäume und ein frisches Bier mitten im warmen Sommer den Aufenthalt bei einem Bierkeller bald zu einem biedermeierlich-geselligen Ereignis werden. Im Lauf der Zeit wichen die Fässer im Hof, an denen man seine Maß im Stehen trinken und seine mitgebrachte Brotzeit essen konnte, einer richtigen Wirtsgartenbestuhlung. Das war der Beginn der heute noch so beliebten Münchner Biergärten. Als manche Brauereien begannen, auch noch selber Eßwaren auszugeben, eskalierte der Streit mit den Wirten und dem Magistrat. Am 4. Januar 1912 beugte sich die Verwaltung schließlich und erteilte den Brauereien die Erlaubnis, »Gäste mit Bier und Brot« zu bedienen. Da keine weiteren Speisen verkauft werden durften, brachten die Gäste sich ihre Brotzeit halt selber mit, eine Tradition, die heute noch in einem echten Biergarten selbstverständlich ist. Inzwischen hatten aber viele Brauereikeller sich schon längst um eine eigene Zulassung als Wirtshäuser bemüht und sie auch erhalten.

Nachdem man dann auch noch geeignete Lagermöglichkeiten für Natureis gefunden hatte (Eis-Oberkühlung, Stirn-Eiskühlung), fand dieses ab 1832 Verwendung, was für die Bauern in den Dörfern im Münchner Nordwesten einen völlig neuen Nebenerwerbszweig eröffnete: das Eisfahren für die nun zahlreicher werdenden Münchner Brauereien. Das Natureis kam hauptsächlich aus dem später danach benannten »Eisbach« in Schwabing, aus dem Nymphenburger Kanal, aus der Würm bei Allach und aus dem Würmkanal bei Feldmoching. In Moosach und in Ludwigsfeld wurden entlang dem Reigersbach und zwischen der Dachauer Straße und dem Schwabenbachl im Zug der sowieso gerade einsetzenden Mooskultivierungen unzählige künstliche Eisweiher angelegt, begünstigt durch den dortigen hohen Grundwasserstand. Soweit solche Eisweiher auf gemeindeeigenem Grund lagen, wurden sie alljährlich zur Ausbeute versteigert. Die Natureiserzeugung wurde somit für die Bauern zu einer bedeutenden Erwerbsquelle. Am Eis verdienten die Eigentümer der Eisweiher, die Eispächter durch den Transport und die Eisarbeiter. Das Eisfahren erforderte aber einen harten Einsatz. Nachts um zwei oder drei Uhr wurden die Pferde versorgt, die Wagen eingespannt und mit allen verfügbaren Leuten, Männer wie Frauen, zu den Eisweihern gefahren. Das Aussägen der Eisplatten und das anschließende Verladen auf die Fuhrwerke hat jedoch bald allen warm gemacht. Mit eigens konstruierten Eisstacheln zog man die Eisplatten aus dem Wasser und über Rutschen wurden sie verladen. Die meisten Bauern fuhren mit zwei, manchmal auch mit drei Wagen. Während eine volle Fuhre mit 50 bis 70 Zentner, mitunter sogar bis zu 120 Zentner, den Ablieferungsstellen zustrebte, wurden die anderen Fuhrwerke beladen. Ein Teil der kalten Fracht war direkt bei den Brauereien oder deren Keller abzuliefern. Der andere Teil wurde in sog.

Eisstädeln gesammelt. Das waren Holzbauten mit Zwischenwänden, deren Hohlräume mit Moosstreu und anderem isolierendem Material ausgefüllt waren. Das in den Eisstädeln gelagerte Eis hielt sich oft gut bis in den Sommer und wurde bei Bedarf in die Brauereien oder Keller, aber auch zu den Wirtschaften (die bald auch über Eiskeller verfügten) gefahren. Solche Eisstädel entstanden in Moosach z. B. durch die Löwenbrauerei an der Dachauer Straße an der Gemeindegrenze zu Ludwigsfeld (heute Rangierbahnhof) und durch die (1877 gegründete) Schwabinger Brauerei deren drei an der Scharnhorststraße.

Der Eistransport erfolgte täglich zwei- bis dreimal bis in die späten Vormittagsstunden hinein je nach Wetter. Die Brauereiabnehmer wogen die Fahrzeuge sofort nach dem Eintreffen, luden ab und zahlten gleich aus. 1852/53 kletterte der Preis für die Fuhre Eis infolge des milden Winters auf 54 kr. bis 1 fl., 1857/58 zahlten die Brauereien 48 kr. Am 4. Dezember 1857 genehmigte der Münchner Magistrat, daß das in die Stadt eingeführte Eis ohne Pflasterzoll die Burgfriedensgrenze passieren durfte. 1866 bezahlte die Spatenbrauerei allein für Fracht und scheinbar wieder Pflasterzoll 6 241 fl. In diesem Jahr herrschte ein so großer Eismangel, daß die Spatenbrauerei 279 Eisenbahnwaggons Natureis aus zwei Seen bei Kufstein in Tirol und 10 Waggons aus Holzkirchen mit insgesamt 56 001 Zentnern Abganggewicht beziehen mußte. Um 1870 belief sich der Eisverbrauch für die Kühlung von 320 000 bayer. Eimer (etwa 21,9 Millionen Liter) Bier auf 220 000 bis 300 000 Zentner Natureis je nach Wetter. Zur Jahrhundertwende wurden für den Zentner Natureis aus Moosach 15 bis 25 Pfennig bezahlt, so daß eine durchschnittliche Ladung von 80 Zentnern zwischen 12 und 20 Mark einbrachte.

Es gab Brauereien und Wirte, die sich ihr Eis während des Winters auf der sog. Brause selbst erzeugten, einem Holzgestell, das sich durch herabträufelndes Wasser allmählich mit gefrorener Masse füllte. Die sich so bildenden Eiszapfen wurden abgeschlagen und in den eigenen Keller gebracht. So hatten auch die älteren Moosacher Wirte ihren eigenen Bierkeller. Die Eigenherstellung war in den neunziger Jahren bereits so perfektioniert, daß fabrikmäßige Betriebe zur Eisherstellung bestanden. Am 23. Januar 1895 baten die Vereinigten Eiswerke Moosach (Scharnhorststraße) die Gemeinde um Erlaubnis zum Bierausschank während des Winters (Kantinenbetrieb mit Bier, Brot und Würsten). 1899 bestanden in Moosach die Eiswerke der Löwenbrauerei und der Salvatorbrauerei. 1912 sind im Münchner Adreßbuch in Moosach das Eiswerk der Löwenbrauerei, Münchnerstraße 179, und das der Schwabingerbrauerei, Münchnerstraße 180, vorgemerkt. Die Schwabingerbrauerei stellte ihren Brauereibetrieb 1919 ein.

Natürlich blieb es nicht aus, daß man auch über die Konstruktion von Kältemaschinen nachdachte. Anfang der siebziger Jahre versuchte sich Carl von Linde, Professor für Maschinenkunde an der Polytechnischen Schule in München, an der Konstruktion einer Kältemaschine. Im November 1873 wurde die erste Kompressions-Kältemaschine von Linde in der Spatenbrauerei an der Marsstraße aufgestellt. Diese Maschine arbeitete mit Methyläther als Kältemittel, das seinerzeit noch problematisch zu beschaffen war. Erst eine zweite mit Ammoniak betriebene Kältemaschine erfüllte 1874 die Erwartungen. Ein Jahr später begann die serienmäßige Herstellung.

Aber noch stellten die ersten Kältemaschinen keine ernsthafte Konkurrenz für das Natureis dar. Zum einen erbrachten sie natürlich noch nicht die notwendige Massenkühlung, zum andern stieg der Bierverbrauch laufend weiter. Dazu kam eine neue Erfindung, der Eisschrank für Haushalt und Geschäfte. Solche einfachen, ohne Strom zu betreibenden Eisschränke waren in Moosach bis in die Jahre nach dem Zweiten Weltkrieg in Betrieb, wo die ständigen Stromsperren unsere heutigen modernen Kühlschränke sowieso wertlos gemacht hätten.

Nach der Jahrhundertwende nahm die Kunsteiserzeugung solche Formen an, daß auf Natureis bald verzichtet wurde. Außerdem gingen von den 82 Brauereien Münchens zur Mitte des 19. Jahrhunderts die Mehrzahl schon in der zweiten Hälfte des vorigen Jahrhunderts wieder ein, vor allem jene, die nicht viel mehr Bier herstellten, als was sie vorn in der eigenen Wirtsstube und eventuell an der Gassenschänke ausschenkten. Die größeren Brauereien verließen die Enge der Stadt und bauten sich, meist in der Nähe ihrer Sommerbierkeller, neue Braustätten zur industriellen Bierproduktion, zumal die maschinelle Kälteerzeugung nunmehr einen ganzjährigen Braubetrieb ermöglichte. Unterm 17. November 1901 lesen wir zwar noch im Moosacher Gemeindeprotokoll: »Die Gemeinde kann zur Linderung der zunehmenden Arbeitslosigkeit nicht beitragen, da gemeindliche Bauten fehlen. Arbeitslose finden beim Eineisen Arbeit.« Aber ausgerechnet der Winter 1901/02 war sehr mild und ließ das Wasser kaum gefrieren. Endgültig abgekommen sein dürfte die Natureisproduktion und die Eisherstellung in den Eiswerken in der Zeit des Ersten Weltkrieges.

Die Lehrkolonie für Ersatzbaustoffe in Moosach

Am Ende dieses Ersten Weltkriegs hatte Moosach 85 Gefallene zu beklagen. Am 8. November 1918 rief Kurt Eisner die Republik aus, König Ludwig III. floh. Am 4. Januar 1919 wurde eine vorläufige Verfassung verkündet und am 12. Januar Landtagswahlen abgehalten. Auf dem Weg zum Landtag wurde am 21. Februar Eisner ermordet. Die Ausrufung der Räterepublik am 6. April 1919 löste heftige Kämpfe zwischen den »Weißen« (Regierungstruppen) und den »Roten« (Kommunisten) aus, von denen auch Moosach betroffen war. Nachdem im Ersten Weltkrieg die Bautätigkeit zum Erliegen gekommen war und es weder vom Reich noch von Bayern ein Gesetz zu Beschaffung von Bauland gab, erging am 29. Januar 1919 eine Verordnung der »Volksbeauftragten«, die Bereitstellung von Siedlungsland betreffend. Zum gleichen Zweck wurde in Bayern am 28. März 1919 ein Gesetz über die Zwangsenteignung von Gütern für Siedlungszwecke erlassen. Beide Maßnahmen wurden abgelöst bzw. ausgebaut durch das Reichssiedlungsgesetz vom 11. August 1919. Ein großer Teil der Bevölkerung litt nach dem Krieg unter der verschärften Wohnungsnot, die u. a. auch verursacht wurde durch das Bauverbot für zivile Neubauten, den Mangel und die Rationierung der Baustoffe und die außerordentliche Verteuerung des Bauens. Als nach dem Krieg beim Wiederaufleben der Bautätigkeit in marktschreierischer Weise die verschiedensten Ersatzbaustoffe angepriesen wurden, richtete man im Ministerium für Soziale Fürsorge ein eigenes Referat mit der doppelten Aufgabe ein, die Anwendung von Ersatzbaustoffen im Reich zu verfolgen und ihre Ergebnisse festzustellen und dann die gewonnenen Erfahrungen für Bayern nutzbar zu machen durch Veröffentlichungen und Beratungen.

Der Gedanke, daß Klima und Bodenverhältnisse, Ansprüche und Gewohnheiten der Bevölkerung, Können und Wollen der Bauarbeiter, Güte und Dauerhaftigkeit der Baustoffe so verschieden sind, daß man die in einem Gebiet mit einer Bauweise gemachten guten oder schlechten Erfahrungen nicht schematisch auf ein anderes übertragen darf, veranlaßte das Ministerium für Soziale Fürsorge im Januar 1919, in verschiedenen Gegenden Bayerns »Lehrkolonien« anzuregen. Man begann solche »Lehrkolonien« unter der Leitung der Bayerischen Siedlungs- und Landbank mit Versuchsbauten aus Ersatzbaustoffen zuerst in Moosach und bei Nürnberg. Zweck dieser Versuchsbauten war, Bauweisen ohne hochwertige gebrannte Baustoffe auf ihre Verwendbarkeit und ihre Wirtschaftlichkeit hin zu prüfen. Als wirtschaftlich galten solche Bauten dann, wenn die Baukosten, die Wohnkosten (Unterhalt und Heizung) und die Lebensdauer einem gleichartigen Ziegelbau entsprachen. Um die Erfahrungen und Ratschläge weitester Kreise nutzbringend zu verwerten und andererseits die Interessenten über

Gärtnerei Michael Kugler (November 1909), Moosach Nr. 125 (heute Hanauer/Ecke Richthofenstraße). Im Hintergrund rechts das erste Ofenhaus des Städt. Gaswerks (in Betrieb ab April 1909). Auf dem Gelände der Gärtnerei wurde 1919/20 ein Teil der Lehrkolonie Moosach errichtet.

Doppelhaus VI der »Lehrkolonie Moosach« an der Hanauer Straße (um 1925).

Hanauer Straße 12 und 14 (25. April 1988). Im Hintergrund der 96 m hohe Gaskessel, erbaut 1958, abgebrochen 1992.

die Ergebnisse sofort zu unterrichten, bildete das Ministerium eine Kommission. Vertreten waren neben der Bayer. Siedlungs- und Landbank die Technische Hochschule München, Baustoffverbraucher, die Architektenschaft, Vertreter der Gewerkschaft, des Wohnungsamts, des Volkskunstvereins und des Hafnergewerbes.

Das Gelände für die Lehrkolonie Moosach an der Hanauer Straße nördlich der Dachauer Straße beim Westfriedhof wurde von der Stadt und einem Brauereibesitzer im Erbbaurecht überlassen. Die ausführenden Baufirmen verzichteten auf Gewinn. Maßnahmeträger war die Firma Rank & Stöhr aus München. Zuschüsse gaben u. a. die Münchner Großbanken. Ausgeführt wurden sechs Typen mit zwölf Wohnungen als freistehende Doppelhäuser (um sie möglichst Wind und Wetter auszusetzen). Angewendet wurden grüner Lehmstein, Lehmstampf, Schurzholzrahmen, Schlackensteine, Fachwerk mit Lehmziegeln und Holztafeln mit Torfoleum. In der Mitte der kleinen Kolonie wurde später noch ein gemeinschaftliches Bad und eine Waschküche gebaut. Die Ausführung litt unter der Ungunst des Wetters und der auf die ungewohnte Tätigkeit zurückzuführenden Arbeitsunlust der Beschäftigten. Trotzdem haben die Bauten gezeigt, daß sich bei genauester Sachkenntnis und peinlichster Aufmerksamkeit einwandfreie Häuser aus Ersatzstoffen herstellen lassen. Es wurden günstige Temperaturen erzielt, die die Berechnungen bestätigten. Zur Erzeugung der verwendeten Baustoffe wurde ein Kohlenaufwand von höchstens der Hälfte einer 1½ Stein starken Mauer festgestellt.

Obwohl die niedergelegten Erfahrungen mit dem Ersatzbau ein ziemlich optimistisches Bild von den Ersatzbauweisen entwarfen, wurde deutlich, daß bei einem Haus zwei Punkte erst nach Jahren und Jahrzehnten beurteilt werden können: die Unterhaltskosten und die Lebensdauer (vier Häuser stehen jedenfalls noch heute). Allzu hoffnungsvoll scheinen in dieser Hinsicht die Architekten nicht gewesen zu sein; denn als die Lage am Ziegelmarkt etwas günstiger wurde, verschwanden die Ersatzbauweisen fast vollständig.

Moosach in Bildern

Das Dorf Moosach

Blick vom Turm der neuen St.-Martin-Kirche über das Dorf mit dem ehem. Hofmarkschloß (wo sich ab 1926 die Gärtnerei Schamberger befand) und die alte St.-Martin-Kirche nach Norden (um 1930). Entlang der Bahnlinie München–Landshut sind noch weite Flächen unbebaut.

Ein ähnlicher Blick über den Dorfkern mit der alten, 1980 abgebrochenen Schule von 1840 (rechts), dem Maibaum von 1971, dem Hacklhaus (unten) und der alten St.-Martin-Kirche. Die Bebauung zwischen dem Altdorf und der Bahnlinie München–Landshut hat inzwischen beträchtlich zugenommen.

Das ehemalige Moosacher Hofmarkschloß

Das ehemalige Moosacher Hofmarkschloß (Nordseite), Moosacher St.-Martins-Platz 2; erbaut um 1690 von den ersten Moosacher Hofmarksherren (ab 1686) Maximilian (1647–1708) und Veit Adam (1649–1701) von Pelkoven, 1853 von Klemens Hilger um Wirtschaftsräume und einen Saal nach Westen hin erweitert (im Bild rechts), worin er mit dem »Neuwirt« (später »Schloßwirt«) Moosachs zweites Wirtshaus eröffnete (1880 wieder eingestellt). 1910 erwarb die Gemeinde Moosach das Schloß, wodurch dieses bei der Eingemeindung 1913 in das Eigentum der Stadt München überging; von 1910 bis 1925 befanden sich im Schloß Schulräume, ein Kindergarten und ein Hort, seit 1926 Wohnungen (u. a. für Lehrer).

Bauzustand 1953.

Bauzustand 1974.

Moosacher Kirchen

Der Moosacher St.-Martins-Platz mit der alten St.-Martin-Kirche (Postkarte um 1913).

25. April 1988.

Die romanische Apsis der alten Moosacher St.-Martin-Kirche aus dem 12./13. Jahrhundert (um 1930).

1988 nach der umfassenden Renovierung.

Das große Deckenfresko »Die Glorie des hl. Martinus« (1758) von Johann Martin Heigl (einem Schüler und Mitarbeiter von Johann Baptist Zimmermann). Der hl. Martin, für den Putten die Attribute Mitra, Bischofsstab und Gans halten (rechts oben), als Fürbitter der beiden Stifterinnen, der Moosacher Hofmarksherrin Maria Ignatia Gräfin von Hörwarth (links mit Dienerin) und der Bauernwitwe Maria Rieger (rechts mit ihrem verstorbenen Mann Michael), vor der Heiligsten Dreifaltigkeit (links oben); in der Mitte unten die drittälteste Darstellung von Moosacher Kirche und Hofmarkschloß.

Der Hauptaltar und die beiden Seitenaltäre in der alten Moosacher St.-Martin-Kirche (um 1925).

1979.

Modell der von Hermann Leitenstorfer 1921 um die neue St.-Martin-Kirche herum ursprünglich geplanten Bebauung.

Verwirklicht werden konnte dann aber 1922–24 infolge der Inflation nur die Kirche selbst (Postkarte um 1925). Im Hintergrund das ehemalige Hofmarksschloß und die alte St.-Martin-Kirche.

Inneres der neuen Moosacher St.-Martin-Kirche mit der 1966 übertünchten Apsisausmalung von Felix Baumhauer aus dem Jahr 1940.

Moosacher Idylle mit Blick auf den Turm der St. Martin-Kirche (23. April 1993).

Notkirche St. Raphael in Hartmannshofen (um 1930); ehemalige Sanitätsbaracke aus dem Kriegsgefangenen-Lager Puchheim im Ersten Weltkrieg (1914–18), die 1919–25 als Notkirche in Gröbenzell diente, dann von 1926–32 in Hartmannshofen stand und zuletzt nochmals als Notkirche in Eschenried Verwendung fand (1932–41).

Die kath. Stadtpfarrkirche St. Raphael, Lechelstr. 54/Ecke Waldhornstraße (1988), erbaut 1932 nach Plänen von Hans Döllgast.

Luftaufnahme des »Zentrums« von Hartmannshofen (Postkarte um 1970). Pfarrzentrum und kath. Stadtpfarrkiche St. Raphael, Schulzentrum an der Haldenbergerstraße und gegenüber Gaststätte.

Die kath. Stadtpfarrkirche St. Mauritius, Templestr. 5/Ecke Wintrichring und Hugo-Troendle-Straße (9. April 1993), erbaut 1965–67 nach Plänen des Architekturbüros Groethuysen, Schreiber und Sachse.

Inneres der St.-Mauritius-Kirche (1967).

In der »Gascho-Villa«, Pelkovenstr. 37/Ecke Hirschstraße (1975), fanden 1926–58 in der zum Betsaal umgebauten Parterre-Wohnung die evangelischen Gottesdienste statt. Angefangen hatte es 1920 mit Bibelstunden im Nebenzimmer beim »Schwaigerwirt«, bis im Jahr darauf ein Raum in der Schule an der Leipziger Str. 7 zur Verfügung stand. Die ersten Gottesdienste wurden dann bis 1926 im Moosacher Schlößl abgehalten.

1957/58 entstand Maria-Ward-Str. 125 (heute Hugo-Troendle-Str. 4) die evang.-luth. Hl. Geist-Kirche nach Plänen von Christoph von Petz (1988).

Evang.-luth. Bethlehemskirche in Hartmannshofen, Grünspechtstraße 13 (1988), erbaut 1961 nach Plänen von Gustav Gsaenger.

Inneres der Bethlehemskirche in Hartmannshofen, Postkarte. Am Weihnachtsmorgen fällt der Sonnenstrahl durch die Fenster-Rosette direkt auf den goldenen Schein im Altarbild, der das Christuskind umgibt.

Der »Neue Moosacher oder Nordwestliche Friedhof« (heute »Westfriedhof«), begonnen 1897 (Luftaufnahme von Süden um 1900). Der obere Bildteil wird von der Dachauer Straße durchzogen (rechts Zollhaus XIII, Dachauer Straße 150).

Luftaufnahme von Süden (29. Mai 1922). Im Hintergrund ist Moosach zu sehen mit der deutlich erkennbaren Schule an der Leipziger Straße 7.

Das Moosacher Kriegerdenkmal

Das von dem Münchner Bildhauer J. W. Menges entworfene und an der Pelkovenstraße vor der St.-Martin-Kirche aufgestellte Kriegerdenkmal von 1910 löste damals einen Streit über seinen »Kunstwert« und den Standort aus; kurz nach Beginn des Zweiten Weltkriegs im September 1939 wurde das in die Pelkovenstraße hineinragende Denkmal abgetragen, da man Angst hatte, daß es bei der Verdunklung zu Unfällen käme; rechts hinter dem Kriegerdenkmal das ehemalige kath. Pfarrhaus (Pelkovenstraße 60).

Das Denkmal bestand aus drei Teilen: einem Wasserbecken, darin einer Aufschüttung aus Felsbrokken, darauf einem Granitblock mit der Gedenktafel (Südseite) für die Kriegsteilnehmer bzw. Gefallenen am deutschen Krieg 1866, am Deutsch-Französischen Krieg 1870/71 und am Chinafeldzug 1900, und schließlich einem übermannshohen Erzstandbild von einem bayerischen Infanteristen mit Raupenhelm, der in der linken Hand eine Fahne hielt (die meisten Moosacher dienten beim K.B. 8. Inf.Rgt. »Großherzog Friedrich von Baden« in der lothringischen Hauptstadt Metz).

Einweihung des Moosacher Kriegerdenkmals am 24. Juli 1910.

Kriegerheimkehrfeier vor dem Kriegerdenkmal am 28. Dezember 1918.

SA-Kriegergedenkfeier Mitte der dreißiger Jahre.

Moosacher Einblicke

Das Dorf Moosach von Südosten, Luftaufnahme vermutlich vor 1910. Am 24. März 1890 erfolgte auf dem Exerzierplatz Oberwiesenfeld der erste Ballonaufstieg; da die Ballone von Anfang an zur Aufklärung eingesetzt werden sollten, förderte dies auch die Photographie. Von der Königl. Bayer. Luftphotogrametrischen Versuchsabteilung stammt diese möglicherweise älteste, jedoch leider undatierte Luftaufnahme des Dorfs Moosach; im Vordergrund die alte Dachauer Straße bzw. »Alte Stadtstraße«, die bis zur Mitte des 18. Jahrhunderts die wichtigste Verbindung zwischen München und Augsburg war (heute Darmstädter/Batzenhofer-/Quedlinburger Straße); an der Kreuzung mit der Feldmochinger Straße sind die ersten Bauten entstanden.

Luftaufnahme (vor 1910) des Moosacher Dorfbereichs zwischen Kirche und »Alter Wirt«. In zwei Höfen sind die ausgetrampelten Kreise von Umlauf-Göppeln erkennbar, mit denen Ende des 19. Jh. die Mechanisierung auf den Bauernhöfen einzog. Der Friedhof um die Kirche (unten) ist vollständig belegt, weshalb auch die verstorbenen Moosacher seit 1906 im »Neuen Moosacher oder Nordwestlichen Friedhof« (heute kurz »Westfriedhof«) beigesetzt wurden; die Bestattungen in Moosach wurden ab 1. Januar 1910 eingestellt. Im ehemaligen Hofmarkschloß (links unten) befand sich seit 1891 eine Gärtnerei, deren Mistbeete erkennbar sind.

Die Pelkovenstraße, Blick vom »Alten Wirt« nach Osten Richtung »Gascho-Villa« (ehem. evang. Betsaal), um 1930.

10. Januar 1993.

Die Dachauer Straße stadtauswärts nördlich der Eininger Straße um 1930.

Die Dachauer Straße stadtauswärts bei der Einmündung der Leipziger Straße (rechts die Moosacher Schule), am 10. Februar 1930.

20. Juni 1931.

Die alte Feldmochinger Straße stadtauswärts (21. Februar 1953). 1939 wurde die jahrhundertealte Feldmochinger Straße durch die Kiesaufschüttung für die Ringbahn und den geplanten Rangierbahnhof Richtung Fasanerie-Nord unterbrochen; jahrelang quälte sich der – damals allerdings noch recht geringe – Verkehr zur Fasanerie bzw. nach Feldmoching durch die enge Jakob-Hagenbucher-Straße.

Die neue Feldmochinger Straße stadtauswärts (2. Februar 1953). 1952/53 entstand die Feldmochinger Straße auf neuer Trasse (in Moosach auf der Wildstraße) und mit einer Unterführung der Ringbahn wieder; die Verkehrsübergabe durch Oberbürgermeister Thomas Wimmer erfolgte am 30. Mai 1953 (das Haus links wurde wegen dem Rangierbahnhof 1990 abgebrochen). Der Moosacher Teil der alten Feldmochinger Straße wurde in Bingener Straße umbenannt.

Die alten Häuser in Moosach

Steh-Ausschank »Kleine Schänke«, im Volksmund »beim Glas«, Pelkovenstraße 21, (heute Bunzlauer Straße; September 1954), abgebrochen 1960.

Samen- und Futtermittel-Handlung Kiendl, Pelkovenstraße 27/Ecke Jakob-Hagenbucher-Straße (um 1960), erbaut 1894. Abbruch und Neubau zusammen mit den Nachbargrundstücken Dachauer Straße 276 und 278 ist geplant; rechts ehem. »Waltl«.

10. Januar 1993.

»Waltl«, Pelkovenstraße 29 (ca. 1940). Erste urkundliche Erwähnung 1442, Hausname vermutlich nach Balthasar (»Waltl«) Gruber 1722, abgebrochen Ende der sechziger Jahre des 20. Jh., heute Münchner Bank.

Die Anwesen Pelkovenstraße 29 und 31 (10. Januar 1993).

Ca. 1965/70.

Zigarrengeschäft Langseder, Pelkovenstraße 31 (um 1950). 1860 entstanden durch »Waltl«-Aufteilung.

»Pflegerhausl«, Pelkovenstraße 35 (1958). Erste urkundliche Erwähnung 1594, 1958 Umbau des Bauernhofs in ein Wohnhaus.

»Ludlbauer«, Pelkovenstraße 43 (25. April 1988). Erbaut 1893 durch Josef Gascho, seither Hausname auch »Gascho«, denkmalgeschützt.

»Schloßbauer«, Pelkovenstraße 47 (um 1935). Erste urkundliche Erwähnung 1580, Hausname seit 1778, Hof stark verändert noch vorhanden.

Ehemalige Metzgerei Wendelin Kaiser, Pelkovenstraße 55 (25. April 1988). Erstmals urkundlich erwähnt 1612, früherer Hausname »Mesner«, da in dieser der Moosacher Kirche gehörigen Sölde die Mesner wohnten; heutiger Bau 1898 mit Neurenaissance-Schweifgiebel durch Franz Fletzinger, 1983 Außenrenovierung, denkmalgeschützt; die Metzgerei befand sich in dem Anbau links.

Verkaufskiosk auf dem Weg vom Sägewerk Bucher, Pelkovenstraße 42, zur Aufstellung Ecke Dachauer/Franz-Fihl-Straße (um 1910).

»Wagner«, Pelkovenstraße 42 (um 1910). Erste urkundliche Erwähnung 1612, Hausname nach dem Wagner Thomas Kröner 1722, Neubau 1894, ab 1902 Sägewerk Bucher, heute Möbel Brandstetter.

Das »Weigl-Standl« Ecke Dachauer/Franz-Fihl-Straße (um 1927).

25. April 1988.

»Schmiedbauer«, Pelkovenstraße 58 (1926). Erste urkundliche Erwähnung 1500, bis 1802 im Eigentum des Landesherrn, Hausname seit 1876 durch Übertragung von einem anderen Anwesen.

Gesunde Pferde waren immer der Stolz eines Bauern: Franz Rieger sen. (»Schmiedbauer«) und sein Sohn Ludwig (»Luggi«) mit zwei seiner Pferde (um 1930).

»Schmiedbauer« im neuen Gewand (19. April 1988).

»Bruckensattler«, Pelkovenstraße 59 (1991). Erste urkundliche Erwähnung 1612, um 1800 erbaute Sölde trotz Denkmalschutz abgebrochen Ende 1991.

Neubau (»Wohnungs-Eigentums-Anlage St. Martinsblick«) an der Stelle der einstigen Sölde »Bruckensattler«, Pelkovenstraße 59 (25. Juli 1993). Erbaut 1992/93.

Das ehemalige Gemeindehaus (Armenhaus), später Pfarrhaus, Pelkovenstraße 60 (10. Januar 1993). Erbaut 1880 als gemeindliches Armenhaus, 1904 renoviert (Erdgeschoß Gendarmeriestation, Obergeschoß Wohnung des Expositus), 1909 Abtretung an die neue kath. Pfarrei als Pfarrhaus, 1960 Schwestern- und Mesnerwohnungen, in den siebziger Jahren unbewohnbar, 1980–82 renoviert.

»Blasidoni«, Pelkovenstraße 67/Ecke Leipziger Straße (1980). Erste urkundliche Erwähnung 1612, Hausname nach Blasius Kammerloher (1715) und Anton Merz (1807), denkmalgeschützt; am Stadel (rechts) ein Einfahrtstor vom Typ »Fischmaul«: Da das Dach der Sölde für die Einfahrt von beladenen Wägen zu niedrig war, wurde der Dachstuhl erhöht.

»Schuster-Eberl«, Pelkovenstraße 69 (um 1930). Erste urkundliche Erwähnung 1580, Hausname seit 1725 nach dem Schuster Georg Eberl, denkmalgeschützt.

»Schuster-Eberl« im Jahr 1980.

»Schustergapper«, Pelkovenstraße 71 (um 1930). Erste urkundliche Erwähnung 1715, seither auch der Hausname nach dem Schuster Kaspar Perwein, Sölde abgebrochen 1961, heute mehrstöckiges Wohnhaus mit Wolf-Apotheke.

10. Januar 1993.

»Faustmichel«, Pelkovenstraße 79 (10. Januar 1993). Erbaut 1837, Hausname nach Michael Faust (1834–44 Moosacher Gemeindevorsteher), dessen Vater Valentin Faust 1817 von Brunnthal zugezogen war, nachdem er das auf die Gant geratene »Mesneranderl«-Anwesen (Pelkovenstraße 58) erworben hatte; dieses ging 1825 auf Valentin Faust jun. über, und von ihm kaufte der Bruder Michael den Bauplatz Pelkovenstraße 79; seine Tochter Rosina wiederum heiratete Johann Böck (»Wild«), der nicht nur später den »Faustmichel« übernahm, sondern seinerseits 1882–93 Bürgermeister in Moosach war; heute Auto-Reparaturwerkstätte (ehem. Stall-/Stadelteil links) und »Secondhandcenter« (Wohnteil rechts).

»Herrnschuster«, Pelkovenstraße 81/Ecke Feldmochinger Straße (10. Januar 1993). 1721 kaufte Friedrich Mayr, Schuhmacher von Mittersendling, mit Billigung der Moosacher Hofmarksherrschaft die Schustergerechtigkeit und baute 1724 ein neues Haus.

»Ney«, Feldmochinger Straße 35, Straßenseite (1916). Erbaut 1813, Hausname nach den Eigentümern 1818–41, seit 1876 Mooseder, denkmalgeschützt.

Straßenseite nach der umfassenden Renovierung (1984).

Jakob Mooseder (»Ney«) mit der Sense, seine Frau Franziska und ein Erntehelfer bei der Getreidemahd an der Triebstraße (1933).

»Mohr«, Feldmochinger Straße 36 (um 1930, da noch mit Holzschindeln gedeckt). Erbaut um 1800, Hausname nach Augustin Mohr ab 1818, abgebrochen 1951.

»Wild«, Feldmochinger Straße 37 (1939; damals Wildstraße 1). Erbaut 1724, Hausname nach dem ersten Besitzer Georg Wilt, abgebrochen 1950 wegen der neuen Feldmochinger Straße anstelle der Wildstraße; auf dem Rest des Grundstücks entstand 1962 ein Wohnblock.

»Wurzer«, Feldmochinger Straße 43 (1938). Vor dem Haus sind gerade die Arbeiten für die Kanalisation und die Verbreiterung der Feldmochinger Straße im Gang; abgebrochen, heute Wohnblock Bingener Straße 2.

Ehemalige Schreinerei Böck, Bingener Straße 4, bis 1953 Feldmochinger Straße 42 (10. Januar 1993).

»Häusler«, Franz-Fihl-Straße 4 (um 1920). Erste urkundliche Erwähnung 1442, bis zur Säkularisation im Eigentum der Hl.-Kreuz-Messe bei St. Peter in München, der Hausname kommt vom Häusler als Einwohner einer einfachen Sölde, abgebrochen 1964, heute Eigentumswohnanlage.

»Hans-Girgl«, Feldmochinger Straße 44 (um 1910). Abgebrochen in den sechziger Jahren, heute Bingener Straße 6.

Städtische Zollstation XIII an der Dachauer Straße 150, südlich des Gaswerks, vor 1913, errichtet nach der Eingemeindung von Neuhausen 1890; bis zur Eingemeindung Moosachs am 1. Juli 1913 mußte hier beim Überschreiten der Münchner Burgfriedensgrenze Pflasterzoll bezahlt werden.

Das ehemalige Zollgebäude, Dachauer Straße 150, August 1953. Nach den Eingemeindungen von Milbertshofen (1. April 1913) und Moosach (1. Juli 1913) enstanden im Moosacher Bereich eine neue Zollstation XIII an der Feldmochinger Straße 80, 50 m vor der Triebstraße, und XIV an der Dachauer Straße 360, im letzten Haus rechts, 250 m hinter der Stadtgrenze. Das alte Zollgebäude Dachauer Straße 150 wurde im Herbst 1961 wegen der Verbreiterung der Dachauer Straße abgebrochen.

»Weißenböck«, Dachauer Straße 411/413 (1944). Erbaut 1859/59, abgebrochen um 1961 wegen der Verbreiterung der Dachauer Straße; heute Wohn- und Geschäftshaus.

Die ehemalige Schmiede, Dachauer Straße 421 (August 1953). Erbaut 1879 als dritte Moosacher Schmiede, 1887 von Simon Graf erworben (dem Großvater des Volksschauspielers Maxl Graf), abgebrochen um 1960 wegen der Verbreiterung der Dachauer Straße, heute Hotel Mayerhof.

Dachauer Straße 415 (Juli 1953). Abgebrochen um 1961 wegen der Verbreiterung der Dachauer Straße; heute Wohn- und Geschäftshaus.

Dachauer Straße 276/Ecke Jakob-Hagenbucher- bzw. Pelkovenstraße (beide Fotos August 1953). Abgebrochen um 1960. Nach Abbruch der Häuser Dachauer Straße 278 und Pelkovenstraße 27 entsteht hier unter Einbeziehung des Grundstücks Dachauer Straße 276 ein repräsentativer Eckbau; für die Jakob-Hagenbucher-Straße bleibt nur ein Fußgänger-Durchgang.

Dachauer Straße 248 (undatiert, vermutlich um 1953). Abgebrochen Ende der fünfziger Jahre wegen der Verbreiterung der Dachauer Straße.

Dachauer Straße 256 (10. Januar 1993). Ein typisches Beispiel für die bürgerlichen Wohnhäuser, wie sie ab der Jahrhundertwende zahlreich am Dorfrand von Moosach entstanden sind.

»Schwaiger-Villa«, Dachauer Straße 409/Ecke ehem. Maria-Ward-Straße (um 1900). Erbaut um 1898, abgebrochen 1961 wegen der Verbreiterung der Dachauer Straße; vor diesem Haus befand sich von 1930–62 die Straßenbahn-Haltstelle »Dachauer/Maria-Ward-Straße«.

»Netzer-Villa« bzw. »Bürgermeister-Haus«, Dachauer Straße 431/Ecke Bunzlauer Straße (August 1982, ohne Anbau). Erbaut um 1910 von dem letzten Moosacher Bürgermeister (1879–81 und 1902–13) Valentin Netzer (1848–1918), denkmalgeschützt.

April 1988 (mit Anbau).

Die denkmalgeschützte »Gascho-Villa«, Pelkovenstraße 37/Ecke Hirschstraße (23. April 1993), mit ihrem charakteristischen Rundturm. 1860 hatte der Protestant Joseph Gascho aus Sickenhausen in Moosach eingeheiratet; er starb 1869. Sein Sohn Josef Gascho, seit 1893 mit der »Ludl«-Witwe Magdalena Spiegel verheiratet, verkaufte 1898 den »Ludl« (Pelkovenstraße 48), richtete sich Pelkovenstraße 43 einen neuen Bauernhof ein, und erwarb das Grundstück des um 1810 abgebrochenen »Ox« (Pelkovenstraße 37), um sich darauf im Neurenaissance-Stil die nach ihm benannte »Gascho-Villa« zu bauen. 1904 ersteigerte er auch das benachbarte »Hans-Michel«-Gütl (Hirschstraße 2).

Der Weiler Nederling

Nederling kam erst bei der Bildung der Steuerdistrikte 1808 von Neuhausen zu Moosach und umfaßte nur zwei Höfe mit 1875 insgesamt 28 Einwohnern. Ab 1915 waren sie Versuchsgut der Bay. Landesanstalt für Pflanzenbau und -schutz, ab 1937 im Besitz der Stadt München, seit 1962 Stützpunkt der Stadtgärtnerei. (Aquarell von Kurt Müller, 1943.)

Der »Dießener Hof« in Nederling, Baldurstraße 64, 1875. Erstmals urkundlich erwähnt 1362, bis zur Säkularisation 1803 Eigentum des Augustiner-Chorherren-Stifts Dießen, 1964 abgebrochen.

Vor dem Abbruch 1964.

Die Moosacher Schulen

Die alte Schule am Moosacher St.-Martins-Platz 5/ Ecke Pelkovenstraße (Oktober 1954, Nordseite). Erbaut 1839/40, Anbau auf der Westseite 1887/88, abgebrochen Mitte 1980.

November 1954 (Südseite).

Die Moosacher Volksschule Leipziger Straße 7 (Ostseite; Postkarte um 1930). Der älteste Teil ist quasi der jüngste: Der nördlichste Trakt (rechts im Bild) wurde bei einem Luftangriff am 11. Juli 1944 zerstört und 1953–55 wieder aufgebaut; der Südbau und der Zwischenbau wurden 1924–26 errichtet und dabei dem nördlichen Altbau von 1900/01 und 1913 äußerlich angeglichen.

Die neue Schule an der Schulstraße, heute Leipziger Straße 7 (1901). Erbaut 1900/01, nach Süden erweitert 1913.

21. März 1955.

Die Schule in Hartmannshofen, Haldenbergerstraße 27/Ecke Waldhornstraße (25. April 1988). Erbaut 1955/56.

Die Schule am Amphionpark, Welzenbachstraße 12/Ecke Templestraße (2. März 1963). Erbaut 1960/61.

Das Berufsschulzentrum, Riesstraße 50 (25. April 1988). Erbaut 1971/72 als Olympia-Pressezentrum.

Die Schule in der Olympia-Pressestadt, Dieselstraße 14 (25. April 1988). Erbaut 1971/72.

Das Schulzentrum an der Gerastraße 6/Ecke Leipziger und Merseburger Straße (1978). Erbaut 1974–77 mit Gymnasium, Real- und Hauptschule.

Industrie und Geschäftswelt

Der einst zu Moosach gehörende Nordteil des Exerzierplatzes Oberwiesenfeld (Luftaufnahme 25. Juni 1921). Das Bild wird diagonal vom Militärbahngleis (1857–1892 Bahnlinie München–Landshut) durchquert, das sich mit der Triebstraße kreuzt; zwischen dieser und den am rechten Bildrand sichtbaren Chemischen Werken München (Otto Bärlocher) dehnt sich heute auf der Moosacher Flur »Unterm Sendlingerweg« die 1970–72 erbaute Olympia-Pressestadt mit dem Olympia-Einkaufszentrum aus; am unteren Bildrand die ersten Häuser der Genossenschaftssiedlung Eggarten.

Die Süddeutschen Bremsen, Moosacher Straße 80 (Luftaufnahme 24. März 1920). 1916 zogen die »Rapp Motorenwerke« von der Schleißheimer Straße 288 hierher, ab 1917 »Bayerische Motorenwerke« und ab 1920 »Süddeutsche Bremsen« (Knorr-Bremse AG) auf der einstigen Moosacher Flur »Am Hart« Ecke heutige Moosacher/Lerchenauer Straße; links oben das Dorf Moosach, rechts der Wald von der Fasanerie Moosach (Oberer Fasangarten) und die gerade im Entstehen begriffene Genossenschaftssiedlung Eggarten; bei dem hellen Streifen in der rechten Bildhälfte handelt es sich um die am 26. September 1901 in Betrieb genommene Lokalbahn Moosach–Schwabing.

Das städtische Gaswerk, Dachauer Straße 148 (Luftaufnahme undatiert, eventuell 1917). Erbaut ab 1906, dann laufend erweitert, Stadtgas-Produktion 1909–75, Demontage ab 1974; der Blick geht Richtung Westen auf das Dorf Moosach (oben rechts) mit der neuen Schule (Bauzustand ab 1913), in der Bildmitte die Hanauer Straße, links am Bildrand das ehemalige Zollhaus, Dachauer Straße 150, daneben der 43 m hohe Gaskessel von 1909.

Luftaufnahme des Gaswerks (undatiert, vermutlich um 1960). Wiederum mit Blick von Osten nach Westen, mit dem 1930 erbauten, 100 m hohen Gaskessel (links), abgebrochen 1974, und jenem 96 m hohen aus dem Jahr 1958 (rechts), abgebrochen 1992. Vor der Wohnsiedlung an der Nanga-Parbat-Straße fehlt der 1968–70 gebaute Wintrich-/Georg-Brauchle-Ring; die Dachauer Straße, die das Bild diagonal quert, scheint noch nicht verbreitert worden zu sein, was 1961 erfolgte.

Luftaufnahme des Gaswerks (1976) mit Blickrichtung Nordwesten. Ein großer Teil des Gaswerksgeländes ist bereits abgeräumt, die beiden Gaskessel an der Dachauer Straße wurden 1974 demontiert; im Bild links unten die Borstei (erbaut 1924–28), darüber die Dachauer Straße, die in der Bildmitte vom Wintrich-/ Georg-Brauchle-Ring gekreuzt wird, unten die 1970 fertiggestellte Landshuter Allee und die Parkharfe beim Olympiastadion; am rechten oberen Bildrand das Olympia-Einkaufszentrum.

Waggonfabrik Josef Rathgeber, Untermenzinger Straße 1 (Luftaufnahme mit Blickrichtung nach Norden, um 1918). Die größte Fabrik in Moosach entstand 1908–11 (ab 1911/12 bereits erweitert) unmittelbar gegenüber dem Moosacher Bahnhof (Bildmitte rechts) teilweise nach Plänen von Franz Rank, der in München u. a. auch das Gerberhaus an der Blumenstraße baute. Im Bild oben rechts das 1913–15 erbaute »Metallwerk J. Göggl & Sohn München«; zwischen den beiden Fabriken an der Gögglstraße 7 (heute Rathgeberstraße 3) das 1907 eröffnete Gasthaus Linsmayer (so benannt nach den Wirtsleuten ab 1913), heute »Moosbichl«; links unten der Bahnposten 1 an der Allacher Straße.

Waggonfabrik Rathgeber (Luftaufnahme mit Blickrichtung Norden, um 1935). Rechts im Bild wurde anstelle des 1932/33 demontierten Südteils der nunmehrigen Kupfer- und Messingwerke Moosach (bis 1921 Metallwerk J. Göggl & Sohn) 1932–34 die Reichskleinsiedlung Moosach gebaut; im oberen Bildteil sind Anfang der dreißiger Jahre zwischen Donauwörther und Dachauer Straße ebenfalls zahlreiche Einfamilienhäuser entstanden.

Transport eines Straßenbahn-Triebwagens aus der Waggonfabrik Rathgeber auf der alten Untermenzinger Straße mit Lastwagen und Pferdegespann (um 1912). Die Aufnahme muß zwischen der Inbetriebnahme der Waggonfabrik 1911 und dem Baubeginn für das Metallwerk J. Göggl & Sohn 1913 auf der Fläche rechts im Bild entstanden sein; heute steht hier die Reichskleinsiedlung Moosach; im Hintergrund das Direktions- (links) und das Personalgebäude (Bildmitte) der Waggonfabrik.

Neuer Schlafwagen vor dem Personalgebäude der Waggonfabrik (ca. 1930/40). Rathgeber war jahrzehntelang eine der führenden europäischen Waggonbaufirmen für Eisenbahn- und Straßenbahn-Waggons; zwischen dem 10. und 14. Oktober 1882 fuhr ein Propagandazug für den späteren legendären Orient-Expreß der »Compagnie Internationale des Wagons-Lits« von Paris nach Wien mit einem dreiachsigen Schlafwagen und dem ersten in Europa gebauten Speisewagen, beide von Rathgeber (damals noch in der Marsstraße); später entstanden bei Rathgeber noch eine ganze Reihe weiterer Schlaf-, Speise- und Personenwagen für den Orient-Expreß, aber auch für andere Luxuszüge sowie unzählige Personen-, Gepäck- und Güterwaggons für Staats- und Privatbahnen in ganz Europa.

Neuer Postomnibus und verschiedene Anhänger der Waggonfabrik vor dem Direktionsgebäude (1948). Ab 1882 war Rathgeber rund neun Jahrzehnte der bedeutendste Fahrzeuglieferant der Münchner Verkehrsbetriebe; von 1949–68 stammten von Rathgeber in Moosach 332 Straßenbahn-Triebwagen für München von den heute noch gebräuchlichen Typen M und P, wozu ab 1953 auch 233 Beiwagen geliefert wurden; aus dem Moosacher Werk kamen 1935–39 die Aufbauten für 40 städtische Busse, 1948–58 für alle 33 Obus-Triebwagen der Münchner Verkehrsbetriebe, außerdem Fahrgestell und Aufbau der meisten Obus-Anhänger 1946–53; Busaufbauten, z. B. für die Post, und Lkw- und Anhänger-Aufbauten bildeten nach der Kriegsproduktion ab 1945 die Haupterzeugnisse.

Das »Industrie-Terrain« im Osten Moosachs am ehemaligen Landshuter Bahngleis (Postkarte 1910). Rechts die Chemischen Werke München, Otto Bärlocher G.m.b.H., Äußere Siemensstraße (seit 1953 Riesstraße) 16, die ihren Anfang 1823 in Augsburg hatten und sich im Moosacher Osten ab 1908 ansiedelten, nicht zuletzt wegen der Nähe zum Gaswerk. Die ersten Fabrikgebäude entstanden 1909–12, die Erweiterungen setzten 1916–18 und 1924 ein.

Die »Chemischen Werke München« (Luftaufnahme 1962, Blick etwa von Westen). Im Bild oben ist noch der Rand des Flughafens Oberwiesenfeld zu sehen.

Luftaufnahme (1982, Blick von Norden). Im Hintergrund das städtische Gaswerk mit dem 96 m hohen Gaskessel aus dem Jahr 1958, abgebrochen 1992; etwa in der Bildmitte (Riesstraße 2/Ecke Georg-Brauchle-Ring) der 1980/81 erbaute Kongreß-Saal der Zeugen Jehovas.

Verschiedene Ansichten des »Atrium«, auch »Glaskasten« oder »Glaspalast« genannt, Riesstraße 25 (alle Fotos 9. April 1993).

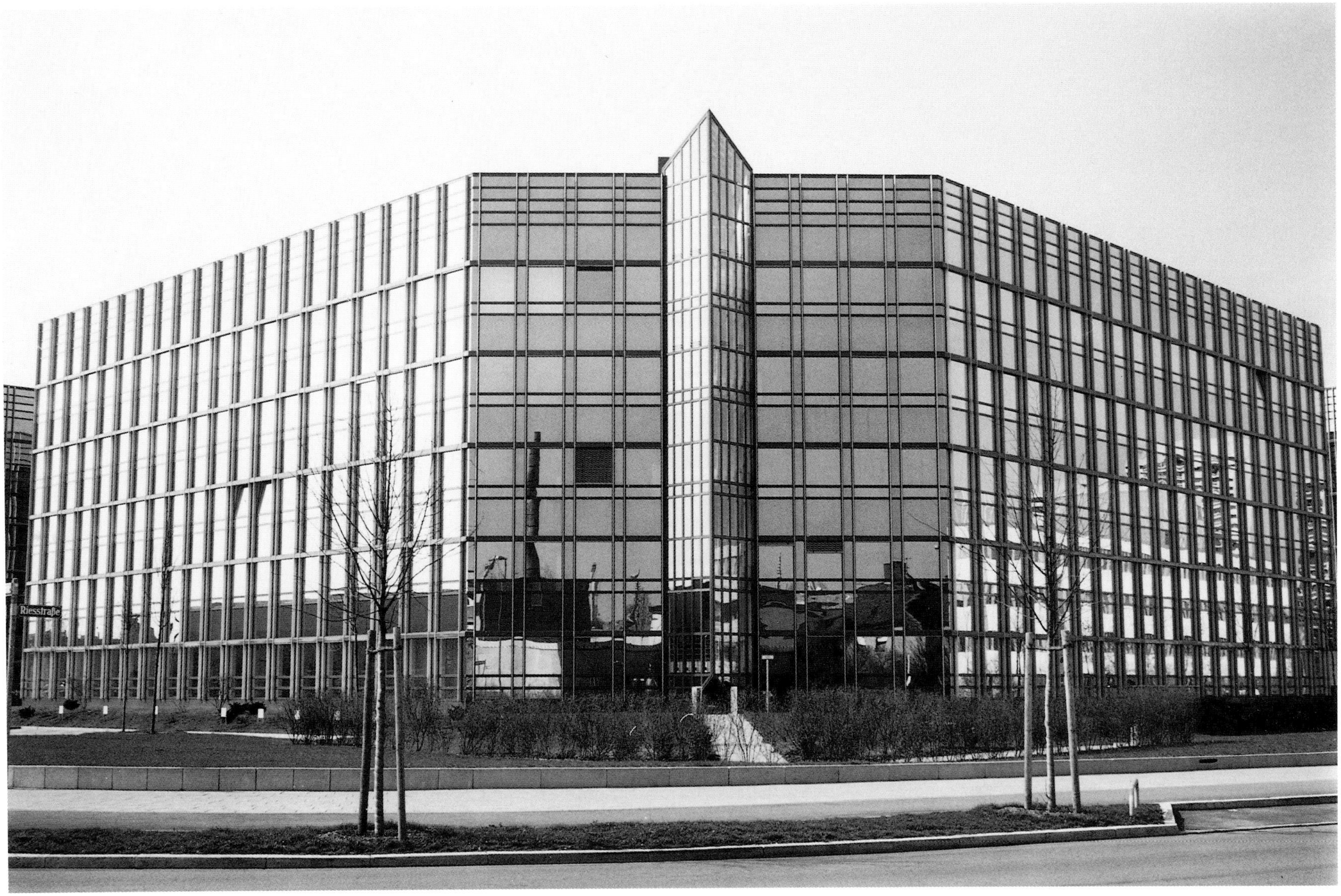
Riesstraße

Luftaufnahme (1992) des Olympia-Einkaufszentrums (Mitte); im Vordergrund die Hanauer Straße, links unten Riesstraße 102/Ecke Hanauer Straße das Evangelische Gemeindezentrum; links oben Teile der Olympia-Pressestadt mit dem höchsten Wohnhaus Münchens und rechts daneben (Mitte oberer Bildrand) das Berufsschulzentrum im ehemaligen Olympia-Pressezentrum, Riesstraße 50; gegenüber, Riesstraße 25 (rechts oben im Bild), das »Atrium«.

Der ehemalige Haupteingang zum Olympia-Einkaufszentrum, Hanauer Straße 68, erbaut 1970–72; rechts Kaufhof, links Ärztehaus (9. April 1993).

Als Höhepunkt der Umgestaltung wurde dem OEZ am 25. August 1993 die neu entstandene Glaskuppel aufgesetzt: ein neues Wahrzeichen des Einkaufszentrums.

Die Architekturzeichnung zeigt die Vision des neuen Eingangs zum OEZ (1993).

Drahtstifte in Kisten

13-Kilogr.-Kisten Brutto

500 p. K. 4.35	4000 p. K. 5.00
1000 „ 4.50	5000 „ 5.20
1500 „ 4.65	6000 „ 5.35
2000 „ 4.70	6500 „ 5.40
2500 „ 4.85	7000 „ 5.60
3000 „ 4.85	

Kaufhaus Michael Frankl
Feldmochingerstraße 15 und 17.
Durchgehend geöffnet von 8 bis 7 Uhr.

Das »Kaufhaus Moosach« von Michael Frankl, Feldmochinger Straße 15/Ecke Quedlinburger Straße, Mitte der zwanziger Jahre.

25. April 1988.

Die »Moosacher Lichtspiele«, Feldmochinger Straße 37/Ecke Wildstraße (1953, Bingener Straße 1). Das Haus wurde 1900 gebaut, das Kino eröffnete am 9. Februar 1927 mit dem Film »Das Testament des Goldsuchers«. Betriebseinstellung am 15. Juli 1973, abgebrochen 1974; auf dem Grundstück wurde zusammen mit der Fläche der aufgelassenen alten Feldmochinger und jetzigen Bingener Straße 1992 eine Grünfläche mit Kinderspielplatz angelegt. In den sechziger Jahren bestanden in Moosach auch an der Dachauer Straße 432 zwei Kinos (»Scala« und »Luxor«, heute Tengelmann-Supermarkt), ein viertes an der Baubergerstraße 18a/Ecke Großbeerenstraße, das aber nur wenige Jahre in Betrieb war, dann als neuapostolische Kirche diente, bis es 1987 abgebrochen wurde; 1988 entstand dort eine neue entsprechende Kirche.

Juni 1971.

10. Januar 1993 (Blick auf das einst hinter dem Kino gelegene und seit 1957 bestehende Studentenwohnheim, Feldmochinger Straße 40, 1965 vom Orden der »Weißen Väter« übernommen und »Afrikaneum« genannt).

Die Moosacher Wirtshäuser

Das ehemalige Gasthaus »Zum Kriegerdenkmal«, Pelkovenstraße 57 (Postkarte zwischen 1901 und 1904). 1873 eröffnete im erweiterten Gütleranwesen »Kleinweber« (Moosach Hausnummer 2) Franz Fletzinger ein Wirtshaus; Fletzinger war ein äußerst tüchtiger Wirt und machte bald den größten Umsatz in Moosach; da er aber nicht selten selber unter »Dampf« stand, bekam er bald den Spitznamen »Dampfwirt«; ab 1901 »Lösch'sches Gasthaus« nach Franz Lösch, ab 1907 »Schwaigerwirt« nach Josef Schwaiger und nach 1910 bald »Zum Kriegerdenkmal«; abgebrochen 1970, im nachfolgenden Neubau heute Restaurant »da Angelo«.

Um 1935 (links das Kriegerdenkmal).

10. Januar 1993.

Geschäftsübernahme und Empfehlung.

Einer verehrl. Einwohnerschaft von Moosach und Umgebung, der werten Nachbarschaft und den titl. Vereinen zur gefl. Kenntnis, daß wir ab 1. Mai

die Gastwirtschaft

Zum Kriegerdenkmal

Pelkovenstraße 57

pachtweise übernommen haben und wird unser Bestreben sein, die werten Gäste durch Verabreichung von bestzubereiteten Speisen, gutgepflegten Spatenbräubieren, prima Weinen und Kaffee das Vertrauen zu erwerben. — Um gütige Unterstützung bitten

Rudolf und Anna Bosl.

111

Das Gasthaus von Ludwig Eichelberger, Pelkovenstraße 56 (Februar 1931). Eröffnet am 24. Januar 1872 von Michael Faust, erworben 1898 von Ludwig Eichelberger; besteht heute noch.

15. Januar 1993.

Das Gasthaus »Spiegl«, Feldmochinger Straße 38, Abbruch der von Franz X. Spiegl 1898 errichteten Sommer-Kegelbahn 1971 für die Verbreiterung der Pelkovenstraße. Im Herbst 1876 hatte Michael Hagenbucher auf dem damaligen Anwesen Moosach Hausnummer 33 das Gasthaus »Karlwirt« eröffnet, erworben am 7. Juni 1898 von Franz X. Spiegl, denkmalgeschützt.

Das Gasthaus »Spiegl« (25. April 1988).

Das ehemalige Gasthaus »Zum Gärtnerheim«, Dachauer Straße 367 (Postkarte um 1910; damals Münchner Straße 45, vor 1906 Moosach Hausnummer 117). Gegründet 1895 »Zur Radfahrereinkehr«, erworben am 18. Juli 1897 von Georg Aichner, der das Wirtshaus ausbaute (z. B. das Salettl rechts) und 1910, nachdem es Versammlungslokal des 1897 im »Karlwirt« gegründeten Moosacher Gärtnermeister-Vereins wurde, in »Gärtnerheim« umbenannte; bei einem Luftangriff in der Nacht vom 9. zum 10. März 1943 ausgebrannt und nicht wieder aufgebaut.

Das Gasthaus »Fletzinger«, Dachauer Straße 334 (1980). Zwischen 1901 und 1905 bekam Georg Fletzinger (Bruder des »Dampfwirts« Franz Fletzinger) auf dem damaligen Anwesen Moosach Hausnummer 146 die Konzession für eine »Gastwirtschaft mit Fremdenbeherbergung und Branntweinausschank« »auf einem neu erbauten Haus«; heute spanisches Restaurant »Casa Manolo«.

Das Gasthaus »Rummelwirt«, Dachauer Straße 162/Ecke Hanauer Straße (um 1960). Eröffnet 1894 von Ludwig Rummel als Gasthaus »zum Burgfrieden«, im Volksmund »Rummelwirt« (damals Münchner Straße 8), 1922 »Gasthaus Friedrich Rummel«, zuletzt »Terlaner Stüberl«; abgebrochen vor der Verbreiterung der Dachauer Straße 1961.

Der Wirtsgarten beim »Großwirt« (um 1900; heute »Alter Wirt«) befand sich bis zum Ersten Weltkrieg südlich der Dachauer Straße, die damit praktisch das Wirtsanwesen zerschnitt. Heute befindet sich der Wirtsgarten direkt neben dem »Alten Wirt« (siehe unten).

Der »Alte Wirt« (25. April 1988).

Ehemalige Gaststätte »Huberhof«, Dachauer Straße 407/Ecke ehem. Maria-Ward-Straße (September 1953). 1911 verkaufte die Familie Huber die Hofstelle Moosach Hausnummer 1 an Dr. Hermann Schülein (Unionsbrauerei München), dem auch schon das Gasthaus »Linsmayer« (ab 1932 »Moosbichl«) gehörte, und der nun auch hier ein Wirtshaus einrichtete; abgebrochen 1954 wegen der Verbreiterung der Dachauer Straße).

Heute befindet sich hier eine Filiale der Stadtsparkasse München (10. Januar 1993). Die Kastanien des alten Biergartens (links) sind noch erhalten.

Turn-Verein München-Moosach.

Obengenannter Verein gestattet sich, alle Mitglieder, sämtliche till. Vereine sowie die Gesamteinwohnerschaft Moosach nnd Umgeb. zu seinem am

Samstag, den 6. Mai 1933 im neu renovierten Festsaale der Bahnhofrestauration Moosach

stattfindenden

MAI-TANZ

freundlichst einzuladen. Der Turnrat.

Saaleröffn. 7 Uhr / Beginn 8 Uhr / Eintritt 70 Pfg.

Die Bahnhofsrestauration, Bahnhofstraße 23 (heute Bunzlauer Platz 1; Postkarte um 1915). Erbaut und eröffnet 1911 durch Leonhard Hirner, der Anfang der zwanziger Jahre noch einen Saal anbaute, der im gesellschaftlichen Leben Moosachs bald eine bedeutende Rolle spielte; 1921–38 befand sich im selben Gebäude auch die St.-Martins-Apotheke (heute Dachauer Straße 270).

15. Januar 1993.

Die Gaststätte in Hartmannshofen, Haldenbergerstraße 28, bei der Wiederinbetriebnahme 1934 nach einem Brand.

Eis-Café »Sarcletti« (25. April 1988).

Gesellschaftliches Leben

Lehrer Michael Pfab mit seiner Familie vor dem alten Schulhaus an der Pelkovenstraße, in dem sich auch die gemeindliche Lehrerwohnung befand (um 1900).

Moosacher Familie (um 1900).

Amalie Bucher (Sägewerk), später verehelicht mit Johann Mayer (»Herrenschuster«), mit Familienangehörigen (um 1919).

Hans Hölzl (»Ochsenbauer«) mit einem gemischten Gespann aus Pferd und Ochs vor einer Walze (um 1935).

Hans Hölzl (»Ochsenbauer«) beim Ernteaufladen (um 1930).

Georg Ullmann im Ersten Weltkrieg.

Infanterist Georg Auracher blumengeschmückt bei Ausbruch des Ersten Weltkriegs (1914).

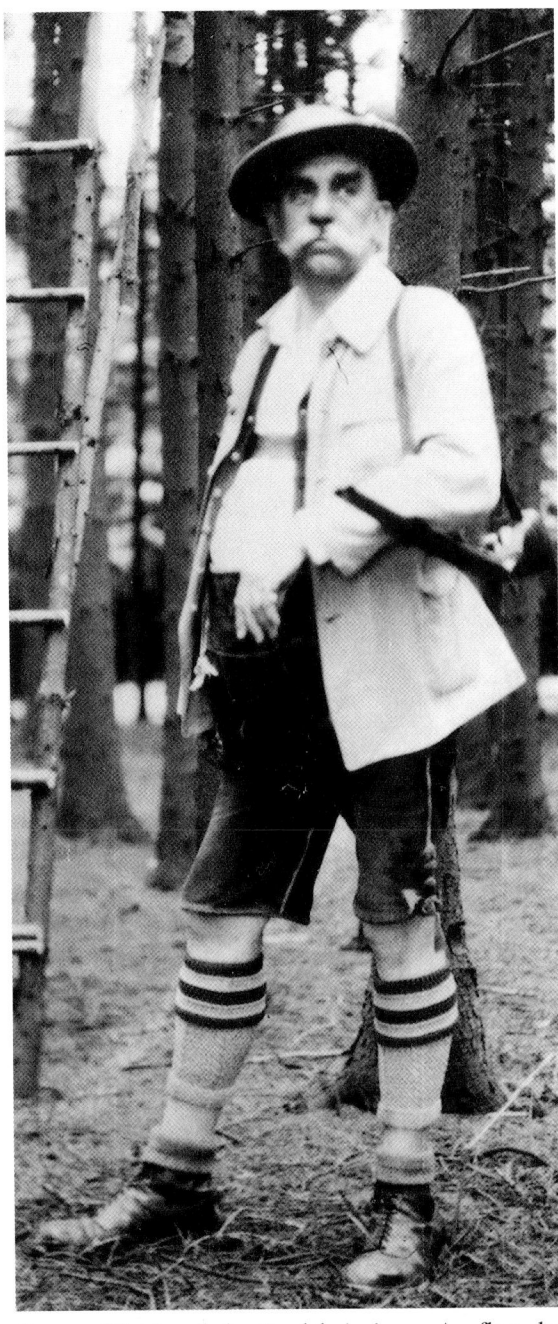

Ottmar Nickl auf der Jagd bei einem Ausflug des Männergesangvereins München-Moosach (7. Januar 1931).

Der »Wurzelsepp« »Sepp« Kronast (um 1965).

»Schmiedbauer« Franz von Paula Rieger (um 1910).

Frau Böck mit Sohn Martin vor dem Wohnhaus der ehem. Schreinerei Böck, Feldmochinger Straße 42 (heute Bingener Straße 4; um 1915).

»Ochsenbauer« Hans Hölzl beim Schafscheren (um 1930).

Schulklasse vor der Schule an der Leipziger Straße 7 (um 1905).

Kindergruppe im 1926 erbauten städt. Kindergarten Leipziger Straße 1/Ecke Dachauer Straße (1930).

Der Männer-Radfahrverein Moosach (1895) im Garten der Schwaiger-Villa, Dachauer Straße 409.

Der Männer-Radfahrverein Moosach bei einer Korsofahrt im Juli 1923 in Freising.

Der Männer-Radfahrverein Moosach (um 1900?).

Der 1903 gegründete Athletenklub Germania Moosach (1908).

Moosacher Fußballklub um 1930 (heute Fußballklub Moosach-Hartmannshofen).

Fußballklub Pfeil Germania München-Moosach (23. Mai 1920).

Fahnenweihe 1897 des Kath. Arbeitervereins (gegründet 1896, hervorgegangen aus dem 1892 gegründeten Kranken- und Unterstützungsverein); rechts (in Uniform) Gemeindediener Jakov Mooseder, bei dem Mädchen Kooperator Georg Fürst von St. Peter und Paul Feldmoching.

Die Mitglieder des Krieger- und Veteranenvereins Moosach beim 25jährigen Stiftungsfest am 24. April 1897.

Bereitstellung eines Festwagens des Moosacher Schützenvereins zum Münchner Oktoberfestzug vor der Metzgerei Wendelin Kaiser, Pelkovenstraße 55, gegenüber der alten St. Martin-Kirche (um 1930).

Der Männergesangverein München-Moosach bei einem Festzug um 1930 in Wien vor dem Parlamentsgebäude am Ring.

Der Männergesangverein München-Moosach bei einem Festzug um 1930.

1899 wurden für die Glocken von 1504 und 1666 im Turm der alten St. Martin-Kirche drei neue beschafft, nur die Sterbeglocke von 1668 blieb erhalten. Zwei der neuen Glocken mußten bereits am 4. Juli 1917 wieder abgeliefert werden und wurden für Kriegsmaterial eingeschmolzen. Auf dem Bild von der Glockenweihe 1899 sehen wir an der Friedhofsmauer auf der Pelkovenstraße vor der St. Martin-Kirche (hinter den Pferden) den Kooperator Georg Fürst von St. Peter und Paul Feldmoching mit vier Ministranten; in der Männerreihe hinter den Mädchen finden wir unter den Honoratioren der Gemeinde Moosach (von links nach rechts) unter anderem: Lehrer und Gemeindeschreiber Michael Pfab (1.), Bürgermeister (1894–1902) Jakob Hagenbucher (4.), Lehrerin Theresia Scharrer (5.), »Schmiedbauer« Franz von Paula Rieger (6.) und Schmiedmeister Valentin Netzer, Bürgermeister 1879–81 und 1902–13 (8.).

Die Freiwillige Feuerwehr Moosach ließ sich anläßlich der Fahnenweihe am 10. Juni 1889 beim »Großwirt« (heute »Alter Wirt«) fotografieren.

Mit zwei Pferden bespannter Mannschaftswagen der Freiwilligen Feuerwehr München, Abteilung 8 (Moosach) im Hof der Schule an der Leipziger Straße 7 (1935).

Veteranen der Freiwilligen Feuerwehr Moosach, Gründungsmitglieder beim 40jährigen Stiftungsfest am 10. September 1922.

Das alte Feuerwehrhaus in der ehemaligen Schule, Moosacher St.-Martins-Platz 5/Ecke Pelkovenstraße (1975).

Das neue Feuerwehrhaus, Feldmochinger Straße 1/ Ecke Dachauer Straße (25. April 1988). Erbaut 1976–78.

Fasching in Moosach (um 1930).

Faschingsfest in Moosach in den dreißiger Jahren.

Die Überschwemmungskatastrophe Ende Mai 1940. Am 27./28. Mai 1940 ging ein nahezu 36stündiger wolkenbruchartiger Dauerregen auf München hernieder, der auch in Moosach den Grundwasserspiegel dramatisch ansteigen ließ; die Folge war eine Überschwemmung der Bahnunterführungen an der Dachauer Straße (oben/von Norden und Mitte/von Süden) und beim Bahnhof (unten/von Süden).

Die Veränderungen in Moosach durch den Bau der Straßenbahn

Bereits beim Bekanntwerden des Trambahnprojekts von Neuhausen zum »Neuen Moosacher oder Nordwestlichen Friedhof« (in Betrieb ab 8. November 1900) hatte die Gemeinde am 17. Oktober 1898 eine Verlängerung bis nach Moosach beantragt. Als Anfangsstück einer geplanten »Fernlinie« nach Moosach entstand dann zwar immerhin 1909 die Strecke zwischen Stiglmaier- und Leonrodplatz, aber erst am 16. November 1929 war die Verlängerung bis zur Hanauer Straße (Westfriedhof) fertig. Im April 1930 begannen die Arbeiten für die weitere Verlängerung bis zum Moosacher Bahnhof, die bereits am 22. November 1930 in Betrieb genommen wurde.

Die Dachauer Straße (Blick stadtauswärts) beim »Rummelwirt« (rechts), Dachauer Straße 162/Ecke Hanauer Straße (10. Februar 1929).

Baubeginn in der Dachauer Straße zwischen der Hanauer und der Feldmochinger Straße (Blick stadtauswärts) mit dem Fällen der schönen, nach der Jahrhundertwende gepflanzten, teilweise doppelseitigen Eschenallee (11. Juni 1930).

Dasselbe Straßenstück (Blick stadteinwärts), rechts die Gaststätte »Gärtnerheim«, Dachauer Straße 367 (11. Juni 1930).

Zwischen der Borstei und der Hanauer Straße waren die Bauarbeiten zur gleichen Zeit schon weiter fortgeschritten (11. Juni 1930).

Bereits fünf Monate später, am 22. November 1930, traf der erste Straßenbahnzug der »Eillinie« 29 (Pasing – Laim – Hauptbahnhof – Stiglmaierplatz – Moosach) von den Moosachern freudig begrüßt, an der Hanauer Straße ein. Links hinter der Tram das ehemalige städtische Zollhaus XIII, dahinter die Borstei.

Die Dachauer Straße (Blick stadtauswärts) an der Einmündung der Landshuter Allee (links; 27. November 1928). Rechts noch ein Bahnwärterhaus der ehemaligen Strecke nach Landshut (1857–92) der »Kgl. privilegierten Actiengesellschaft der bayerischen Ostbahnen«, der die Landshuter Allee ihren Namen und ihren geraden Verlauf verdankt; abgebrochen Mitte der fünfziger Jahre wegen der Verbreiterung der Dachauer Straße; heute überquert an dieser Stelle die mehrspurig ausgebaute Landshuter Allee auf einer Brücke die Dachauer Straße.

27. Mai 1931.

Die Dachauer Straße vom Nymphenburg-Biedersteiner Kanal stadtauswärts (rechts die Borstei), 27. November 1928.

27. Mai 1931.

25. April 1988.

Die Kreuzung Dachauer Straße (stadtauswärts)/Franz-Fihl-Straße (rechts) bzw. ehemalige Maria-Ward-Straße (links). Links befand sich die »Schwaiger-Villa«, rechts das »Weigl-Standl«, im Hintergrund ist die »Netzer-Villa« erkennbar. 13. September 1929.

10. November 1930.

20. Juni 1931.

25. April 1988.

141

19. September 1929.

Die Dachauer Straße beim »Alten Wirt«, Dachauer Straße 274 (links; um 1910). Gegenüber vom »Alten Wirt« befand sich die Schmiede, Dachauer Straße 421, heute Hotel Mayerhof.

11. Juni 1930.

25. April 1988.

Straßenbahn-Inbetriebnahme am 22. November 1931.

143

Die Pelkovenstraße (heute Bunzlauer Straße) von der Dachauer Straße nach Westen (13. September 1929). Auch hier mußte die 1903/04 von der Gemeinde entlang der damaligen Bahnhofstraße (ab 1913 Pelkovenstraße) gepflanzte Kastanienallee geopfert werden.

20. Juni 1931.

25. April 1988.

10. November 1930.

Der Moosacher Bahnhofsvorplatz (heute Bunzlauer Platz; 13. September 1929). 1857 nahm die »Kgl. privilegierte Actiengesellschaft der bayerischen Ostbahnen« die Strecke München-Landshut in Betrieb, die aber rund 2 km östlich von Moosach auf dem Oberwiesenfeld am Dorf vorbeiführte; erst nach der Verlegung der Trasse hinter dem Nymphenburger Schloßpark 1891/92 bekam Moosach einen Bahnhof.

24. September 1930.

25. April 1988.

Die Reichskleinsiedlung Moosach

Die Reichskleinsiedlung Moosach, beiderseits der Gröbenzeller Straße, erbaut 1932–34.
Demontage des südlichen Werksteils der Kupfer- und Messingwerke Moosach 1932.

Die Bauarbeiten für die Reichskleinsiedlung begannen bereits 1932, obwohl das Fabrikgelände noch nicht ganz geräumt war.

Aufrichten eines Dachstuhls im Herbst 1932.

Richtfest am 28. November 1933.

25. April 1988.

Der Rangierbahnhof
München-Nord

Luftaufnahme des Geländes für den geplanten Rangierbahnhof von der Dachauer Straße (unten außerhalb des Bildes) nach Osten 1976. Links (von oben) die Lerchenau, die Siedlung am Lerchenauer See und die Fasanerie, rechts Olympiapark mit dem Fernsehturm und dem Olympischen Dorf, die Olympia-Pressestadt und der Nordteil von Moosach.

Luftaufnahmen von der Fasanerie-Nord (links), dem Oberen Fasangarten (Mitte) und der Siedlung Eggarten (rechts), vor Beginn der Kiesaufschüttungen (Juli 1936).

Kurz vor der kriegsbedingten Einstellung der Arbeiten (2. Juli 1941).

Erst mehr als viereinhalb Jahrzehnte später wurden die Bauarbeiten wiederaufgenommen (16. Oktober 1989).

Die 1920–26 auf genossenschaftlicher Selbsthilfebasis entstandene Siedlung Eggarten sollte ab 1939 bereits wieder dem geplanten »Verschiebebahnhof« weichen, doch überlebten einige Häuser sowohl die Spitzhacken als auch die Luftangriffe im Zweiten Weltkrieg; die St.-Thaddäus-Kirche (1939) an der Aufhüttenstraße (heute Lassallestraße) bestand nur 1932–39.

Das ehemalige Wirtshaus »Eggarten« an der Eggartenstraße (kurz vor dem Abbruch 1977) stellte zwar im Zweiten Weltkrieg seinen Betrieb ein, wurde aber erst dreieinhalb Jahrzehnte später abgebrochen.

Die 1939 erbaute Brücke im Verlauf der Dachauer Straße (B 304) über die Ringbahn (1989). Sie wurde 1991 abgebrochen.

Die 1990–91 über den gesamten Rangierbahnhof erbaute Brücke (September 1991).

Der Zweite Weltkrieg

Rechte Seite: Bombenflugzeuge über Moosach bei einem Angriff am 4. Oktober 1944. Die helle Fläche der Kiesaufschüttungen für den Rangierbahnhof gab den Fliegern eine gute Orientierungshilfe; am rechten Bildrand die Kiesentnahmestellen für die Aufschüttungen Nr. 8 (unten, seit 1957 »Lerchenauer See«), 9 (Fasanerieesee), 10 (Feldmochinger See) und 11 (Karlsfelder See); zwischen den beiden letztgenannten ist das Außenlager Ludwigsfeld des KZ Dachau erkennbar.

Bäckerei Eierschmalz, Dachauer Straße 415 (11. Juli 1944).

Waggonfabrik Rathgeber (10. März 1943).

Das Kriegsende: Einzug der Amerikaner am 30. April 1945, beobachtet aus der »Schwaiger-Villa«, Dachauer Straße 409/Ecke ehem. Maria-Ward-Straße.

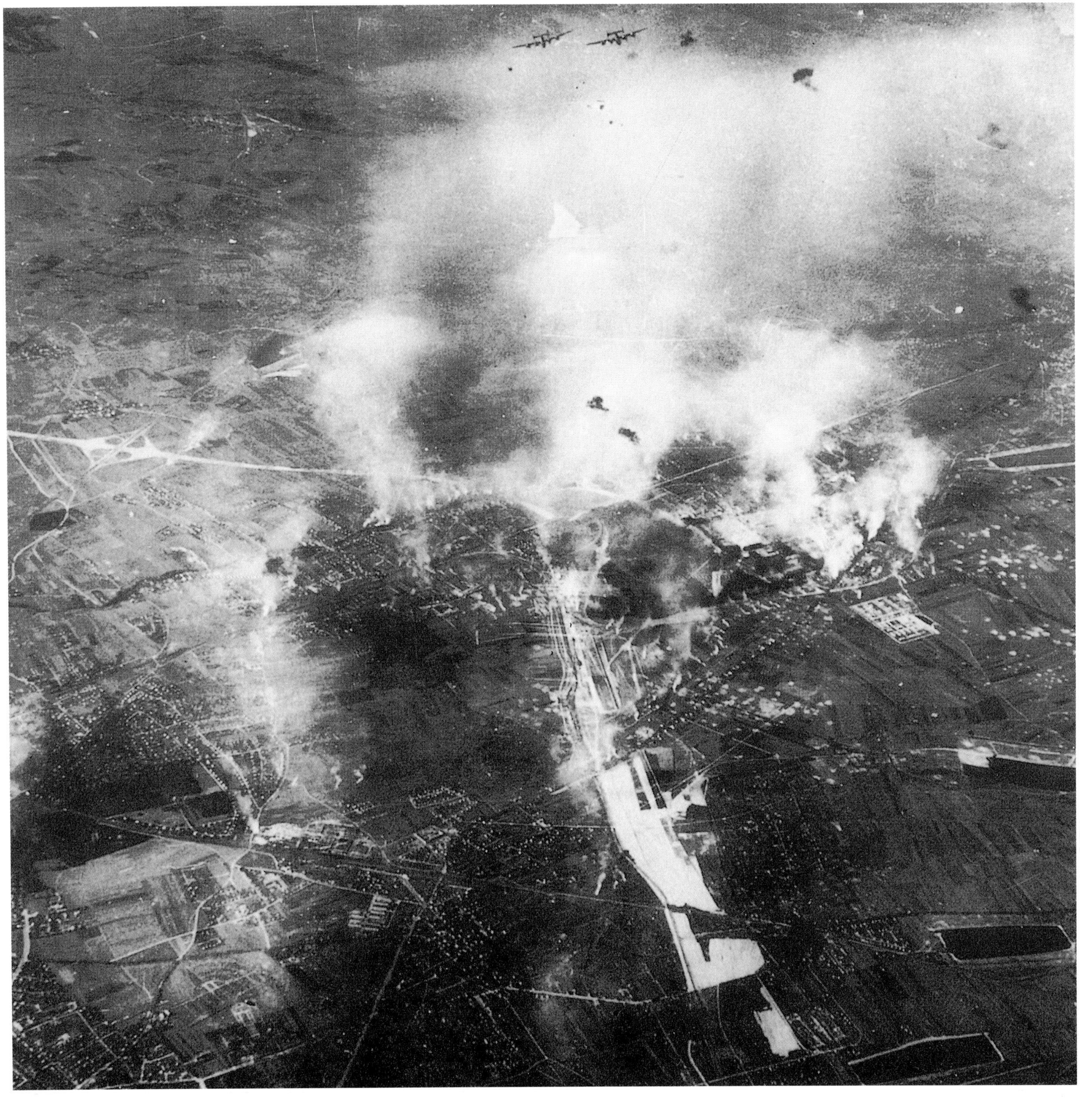

Wohnungsbau

Nach dem Zweiten Weltkrieg setzte in Moosach vor allem südlich der Dachauer Straße eine rege Bautätigkeit ein; 1953–58 entstand an der Nanga-Parbat-, der Welzenbach- und der Alfred-Drexel-Straße in zehn Bauabschnitten eine städtische Wohnanlage mit insgesamt 88 mehrstöckigen Wohnhäusern; die Siedlung wurde im Verlauf der letzten Jahrzehnte weiter ausgebaut und inzwischen auch grundlegend renoviert.

Getreideernte auf einem Feld südlich der Dachauer Straße bei der Leipziger Straße (Sommer 1940). Im Hintergrund die Volksschule und die neue St.-Martin-Kirche; da wegen dem Zweiten Weltkrieg die Pferde requiriert waren, sind die Erntewagen mit Ochsen gespannt (Kühe wurden nur in Ausnahmefällen eingespannt, da der Zugdienst die Milchleistung erheblich beeinträchtigte.)

Wohnblock der städtischen Wohnanlage an der Nanga-Parbat-Straße (September 1954).

2. März 1963: Auf der freien Fläche im Vordergrund verläuft seit 1971 der Wintrichring.

10. Januar 1993: Die Bäume des Amphionparks verstellen mittlerweile den Blick.

Der »Schmiedbauer« Franz Rieger (Mitte) mit dem Moosacher Bauern Franz Strixner (rechts) und einem weiteren Erntehelfer auf einem Feld an der Baubergerstraße (Anfang der fünfziger Jahre). Im Hintergrund die noch während dem Zweiten Weltkrieg 1941/42 errichtete Wohnanlage der »Neuen Heimat« an der Gube-, der Karlinger- und der Pasinger Straße (heute Baubergerstraße) mit 450 Wohnungen, hauptsächlich für Ingenieure und Meister des neuen BMW-Werks in Ludwigsfeld; 1957 entstanden im Südwestteil vier weitere Baublöcke durch die »Neue Heimat«; die Stadt hatte bereits 1952/53 an der Gubestraße 10–16 neue Wohnungen erstellt.

Die städtischen Wohnblöcke Gubestraße 10–16 (September 1953).

Moosach im Überblick

Luftaufnahme von Moosach von Süden (1976). Der Hubschrauber steht über der Kreuzung Dachauer Straße/Wintrichring; in der Mitte unten befindet sich gerade das neue Feuerwehrhaus Feldmochinger Straße 1/Ecke Dachauer Straße im Bau; darüber die Schule Leipziger Straße 7 und in der Bildmitte die neue St.-Martin-Kirche; südlich (links) der Dachauer Straße die Wohnanlage an der Nanga-Parbat-Straße.

Der »Moosacher Stachus«: die Kreuzung Dachauer (von links nach rechts oben)/Pelkoven- (oben) und Baubergerstraße (rechts; Luftaufnahme 1976). Die früher zum Moosacher Bahnhof weiterführende Pelkovenstraße hat seit 1961 (außer für die Straßenbahn) keinen Anschluß mehr zur Dachauer Straße und wurde deshalb in Bunzlauer Straße umbenannt; Ecke Dachauer/Pelkovenstraße der »Alte Wirt«, gegenüber »Netzer-Villa«; der Hubschrauber steht über dem Postamt München 50, Breslauer Straße 1, von dem links unten im Eck einige Betriebsgebäude zu sehen sind.

Luftaufnahme des Ostteils von Moosach (1976). In der Bildmitte die Kreuzung Hanauer/Pelkovenstraße, oben links das Berufsschulzentrum im ehem. Olympia-Pressezentrum, Riesstraße 50, rechts daneben die Chemischen Werke München (Otto Bärlocher), Riesstraße 16, oben der Olympiapark auf dem Oberwiesenfeld, rechts das Gaswerk; die Fläche zwischen Ries- (oben), Pelkoven- (links) und Hanauer Straße (Mitte) sowie Georg-Brauchle-Ring (rechts) ist inzwischen mit Industrie- und Gewerbebetrieben einschließlich eines Handwerkerhofs zugebaut.

Blick von der Bingener Straße (unten) nach Südosten (stadteinwärts; Luftaufnahme 1976). Links unten das Rangierbahnhof-Gelände, links oben das Olympische Dorf, dahinter das BMW-Hochhaus; in der Bildmitte die Olympia-Pressestadt mit dem Olympia-Einkaufszentrum, darüber der Olympiapark und der Fernsehturm; rechts am Bildrand das Gaswerk.

Der Nordteil Moosachs zwischen der Feldmochinger (links) und der Meggendorferstraße (rechts unten; Luftaufnahme 16. Oktober 1989). In der Mitte (diagonal) die Bingener Straße (bis 1953 Feldmochinger Straße).

Die Straßennamen in Moosach

Wem heute Name und Anschrift abverlangt werden, der nennt wohl in der Regel Vornamen, Familiennamen, Straße, Hausnummer, eventuell Stockwerk und auch Wohnungsnummer, auf alle Fälle Postleitzahl und Ort (bis 1993 auch noch das Zustellpostamt). Das war in früheren Jahrhunderten alles ganz anders. Da hätte die entsprechende Antwort vielleicht lauten können: »I bin da Schwarz von Moosach, hoaß Dama und schreib' mi Feiner.« Das mußte genügen: »Schwarz« war der Hofname, »Dama« (Thomas) der Taufname und »Feiner« der Familien- oder Schreibname. Post, Zeitungen oder irgendwelche Waren gab es nicht zuzustellen, und auch die Einwohner der Dörfer waren noch überschaubar.

Das wichtigste war früher der *Hausname*. Schon lang vor dem 30jährigen Krieg waren solche Haus- bzw. Hofnamen gebräuchlich, wogegen der Familienname im täglichen dörflichen Leben kaum Bedeutung hatte. 1752 wurden die Hausnamen sogar amtlich eingeführt. Manchmal konnte zwar ein Familienname auf den Hof als Hausname übergehen, wie im erwähnten Beispiel auf dem heutigen Anwesen Pelkovenstr. 49 (nach dem Besitzer Jordan Schwarz, 1532) oder dem Nachbarhaus Pelkovenstraße 51, dem »Lachmayr« (nach den Besitzern ab 1649). Ein Hausname konnte sich zwar ändern, doch geschah dies nicht unbedingt und manchmal auch nicht sofort bei einem Besitzerwechsel. So saßen beispielsweise die Rieger ab 1663 auf dem »Schwarzbauer« (Pelkovenstraße 49a, benannt nach dem selben Jordan Schwarz), aber 1812 ist Johann Rieger – obwohl sich seit 1709 der Hausname »Rieger« durchzusetzen begann – immer noch als »Schwarzbauer« aufgeführt. Häufiger als Familiennamen übertrugen sich Berufe als Hausnamen, z. B. »Wagner« (Pelkovenstraße 42), »Schmied« (Pelkovenstraße 45), »Mesner« (Pelkovenstraße 55), »Schneider« (Pelkovenstraße 78), »Schaffler« (Pelkovenstraße 80), »Landkramer« (Quedlinburger Straße 46) oder »Weber« (Feldmochinger Straße 37). Dann finden wir in Moosach Hausnamen, die von Taufnamen der Besitzer herrühren, wie beispielsweise »Waltl« (Pelkovenstraße 29) nach Balthasar (im Volksmund »Waltl«) Gruber (1722) oder »Fabi« (Pelkovenstraße 53) nach Fabian Förster (1725). Oder der Hausname wurde aus mehreren Taufnamen gebildet, wie beim »Blasidoni« (Pelkovenstraße 67) aus Blasius Kammerloher (1715) und Anton Merz (1807/12). Ebenso waren einige Male in Moosach die Rechtsverhältnisse auf dem Hof, der jeweilige Grundherr oder das steuerliche Hoffußsystem namengebend: »Schloßbauer« (Pelkovenstraße 47), weil zum Hofmarkschloß gehörig, der »Scheyerner Hof« (Pelkovenstraße 63/65) war bis zur Säkularisation 1803 im Eigentum des Klosters Scheyern, wie die »Freisinger Hueb« (Franz-Fihl-Straße 6) 1177–1803 in dem des Hochstifts Freising. Und beim »Häusler« (Franz-Fihl-Straße 4) handelte es sich um eine sog. leere Sölde ohne Nutzgrund, also wirklich schlicht nur um ein »Häusl«. Auch die Lage des Hofs konnte eine Rolle spielen: Als 1804 im Unterdorf ein »Unterkötterl« (Feldmochinger Straße 36) entstand, wurde der bisherige »Kötterl« (Pelkovenstraße 58) zum »Oberkötterl«, ähnlich wie 1806 an der Feldmochinger Straße 40 ein neuer Hof »Unterfabi« genannt wurde, weil der Grund dafür aus dem »Fabi« im Oberdorf (Pelkovenstraße 53) kam. Der »Hinterschneider« (Pelkovenstraße 55) erhielt seinen Namen, weil er hinter dem »Mesner« lag.

Zu einer weittragenden Veränderung kam es dann ein halbes Jahrhundert später: In § 16 der Instruktion zur Bildung der Steuerdistrikte (den Vorläufern unserer heutigen politischen Gemeinden), die einen Anhang zur Verordnung vom 13. 5. 1808 bildet, ist festgehalten: »Alle im Steuerdistrikt befindlichen Gebäude werden ortschaftsweise numeriert, insofern solche nicht ohnehin numeriert sind.« Was in Moosach nicht der Fall war. Deshalb weist der 1812 fertiggestellte Rustikal- und Dominikalsteuerkataster für Moosach erstmals *Hausnummern* aus. Später neu errichtete Anwesen erhielten in der Regel die Nummer des Anwesens, aus dem der Bauplatz herausgebrochen wurde, z. B. aus 26 die Hausnummern 26½, 26⅓, 26¼ usw. Da das im Lauf der Zeit unübersichtlich wurde und da es wegen vermessungstechnischer Mängel zu einer Renovationsmessung kam, wurden ab Mitte 1857 in Moosach die Hausnummern mit »alt« und »neu« ausgewiesen. Die ab 1857 verwendeten neuen Hausnummern überlebten aber nur ganze vier Jahre. Denn der Ende Dezember 1861 abgeschlossene neue Grundsteuerkataster weist bereits wieder andere Hausnummern auf, die immerhin bis 1906 Gültigkeit hatten (in einigen Fällen nur bis 1898). Allerdings wurden jetzt neu hinzukommende Nummern ohne Rücksicht auf die Lage frei vergeben, was angesichts der um die Jahrhundertwende in Moosach zunehmenden Neubauten nicht gerade zur Übersichtlichkeit beitrug.

Bis dahin waren die Häuser in Moosach nämlich fortlaufend durchnumeriert, 1812 beginnend mit der Nr. 1 am westlichen Dorfrand bei der Tafernwirtschaft (heute »Alter Wirt«, Dachauer Straße 274), die 1857 dann die Hausnummer 22 und 1861 schließlich die Hausnummer 3 zugeteilt bekam. Nr. 1 wurde 1861 das Anwesen Ecke spätere Dachauer Straße und inzwischen aufgehobene Maria-Ward-Straße (ab 1911 »Huberwirt«, seit 1980/81 Neubau der Stadtsparkasse, Dachauer Straße 407). Das ehemalige Hofmarkschloß (heute Moosacher St.-Martins-Platz 2) hatte 1812 die Hausnummer 5, 1857 die Hausnummer 10 und 1861 die Hausnummer 23. Für die zum Steuerdistrikt bzw. ab 1818 zur Gemeinde Moosach gehörigen Ortschaften gab es ab 1861 folgende weiteren Hausnummern: Nederling Nr. 1 und 2 (ab 1898 Moosach Nr. 1 und 2), Hartmannshofen Nr. 1 (1906 Hartmannshofener Straße 1) und Oberer Fasangarten Nr. 1 (1906 Feldmochinger Straße 91).

Als das 1861 ausgeklügelte System der Hausnumerierung in Moosach nach der Jahrhundertwende durch die vielen Neubauten im Ort und am Ortsrand tatsächlich zu unübersichtlich wurde, entschloß man sich, erstmals offizielle *Straßennamen* einzuführen. Manche von ihnen waren schon lang im Volksmund gebräuchlich. Die Vorarbeiten waren am 13. April 1906 beendet. Die Eingemeindung Moosachs am 1. Juli 1913 erforderte dann schon wieder die Anpassung der Straßennamen an München, weshalb der Stadtmagistrat am 19. August 1913 ein »Verzeichnis der mit Wirksamkeit ab 1. Januar im früheren Gemeindebezirk Moosach zu benennenden Straßen und Plätze im Burgfrieden der K. Haupt- und Residenzstadt München« beschloß, »Allerhöchst genehmigt mit Entschließung des K. Staats-Ministeriums des Innern vom 30. X. 13 Nr. 4094a II«. Dieses enthält insgesamt 41 Straßen und Plätze, deren zum überwiegenden Teil noch heute gültige Bezeichnungen doch recht vom damaligen Zeitgeist geprägt sind, denn allein acht (19,5%) tragen den Namen von Orten oder Personen, die, geprägt von den damaligen Zentenarfeiern, vor allem im Zusammenhang mit den Befreiungskriegen 1814 unter der Herrschaft Napoleons stehen (Breslauer, Dresdner, Gneisenau-, Großbeeren-, Hanauer, Hardenberg-, Leipziger und Scharnhorststraße; teilweise benannte man Straßen auch ohne besonderen Grund nach Städten); dazu kommen noch drei (7,3%) Straßen zur Erinnerung an 1809 verlorene Schlachten (Abensberg- und Eggmühlstraße) und an Ferdinand Schill, der »am 31. Mai 1809 für Deutschlands Befreiung den Heldentod« starb. Dies alles sollte man heute nicht verbissen sehen, denn wer in Paris unter dem Arc de Triomphe steht, findet dort die Namen deutscher Schlachtenorte wieder – diesmal halt von den Siegern eingemeißelt. Immerhin fünfzehn (36,6%) hatten geschichtliche Ereignisse, Familien- oder Flurnamen aus Moosach zum Namensgeber. Acht Straßenbezeichnungen (19,5%) nahmen auf Nachbarorte Bezug. Die erste große Neubenennungswelle in Moosach fand 1921 statt, als am Eggarten und in Hartmannshofen auf dem Weg der gesetzlich neu geschaffenen Erbpacht größere Flächen aus den ehemaligen Fasanerien einer Besiedelung zugeführt wurden. 1927 gestand das vom Münchner Stadtrat herausgegebene »Münchner Wirtschafts- und Verwaltungsblatt« ein, daß es bei der Straßenbenennung in München keine Systematik mehr gebe. 1928 konnte man sich immerhin bei der Schreibweise der Straßennamen auf die im Duden aufgestellten Grundsätze einigen. Im selben Jahr mußten die Straßen in der neuerbauten Borstei benannt werden.

Am 25. Juni 1945 hatte die US-Militärregierung verfügt, »daß sämtliche Straßen und Plätze, die nach Personen oder Motiven des 3. Reiches benannt worden sind, bis 31. August 1945 umzubenennen und neu zu beschriften sind«. Bereits in der Stadtratssitzung am 3. Januar 1946 konnte der zuständige Referent entsprechenden Vollzug melden. In Moosach allerdings gab es hierzu kaum Handlungsbedarf. Fortan sollte vorrangig der Bezug zur Münchner Geschichte, zu den örtlichen Gegebenheiten und Überlieferungen (z. B. Flurnamen) und zu dem einst in München ansässigen Personenkreis aus Kunst, Wissenschaft und Technik usw. wieder in den Vordergrund gerückt werden. Während aber nun solchermaßen 1946 die Hindenburgallee wegen der unrühmlichen Haltung des Reichspräsidenten bei der Machtübernahme der Nazis 1933 in Landshuter Allee umbenannt wurde, unter Bezug auf die Tatsache, daß diese ihren geraden Verlauf der einstigen Bahnlinie München–Landshut (1857–92) verdankt, wurde noch 1960 in Moosach eine Straße nach Heinrich von Treitschke (1834–96) benannt, der als einer geistigen Wegbereiter der Nazis gilt und im Reichstag und in seinen Schriften den Sozialismus und die Juden bekämpfte. 1939 wollten die Nazis die Paul-Heyse-Straße in Treitschkestraße umbenennen. Aber: »Die Umbenennung der Paul-Heyse-Straße wird zurückgestellt. Der Name Treitschke ist für den Münchner Volksmund schwer auszusprechen.« Zwei Jahrzehnte später war er aussprechbar und merkwürdigerweise auch ideologisch unbelastet. Seither bricht immer wieder, zuletzt 1988, eine Diskussion wegen der Umbenennung der Treitschkestraße aus.

Eine weitere Umbenennungswelle in Moosach galt 1947 unter anderem einigen geplanten, noch nicht ausgebauten, jedoch seit den zwanziger Jahren sogar in den Stadtplänen ausgewiesenen Straßen, mit Bezug auf Kampfgebiete im Ersten Weltkrieg (1914–18), darunter u. a. Ardennen-, Argonnen-, Arras-, Flandern-, Fromelle-, Verdun- und Ypernstraße sowie Flandern- und Isonzoplatz.

Die letzte größere Straßenbenennung betraf 1982 das Neubaugebiet in Nederling, wo man sich ausgehend von dem dort einst begüterten Kloster Scheyern hauptsächlich für bedeutende altbairische Klöster als Namengeber entschied. Die Namen, die man dort schon in den zwanziger Jahren (allerdings bei einem anderen Straßenverlauf) geplant hatte – Anzer-, Baensch-, Langenmark-, Marco-Polo-, Rembrandt- und Röhrmooserstraße sowie Michelangelo-, Nachtigall- und Sansibarplatz – wurden letztlich aufgegeben.

Abbachstraße (1914)
Bad Abbach (Niederbayern).
Bis 1913: Eiswerkstraße, nach den hier einst befindlichen Eisstadeln.

Abensbergstraße (1914)
Abensberg (Niederbayern).
Bis 1913: Bertholdstraße, nach einer aus Untermenzing stammenden Moosacher Familie; Paul Berthold war Feuerwehrkommandant und verfaßte eine Studie über die Moosacher Feuerwehr.

Alfred-Andersch-Weg (1990)
Alfred Andersch (1914–80), Schriftsteller.

Alfred-Drexel-Straße (1934)
Alfred Drexel (1900–34), Reichsbahnrat, kam als Teilnehmer der deutschen Himalaya-Expedition 1934 am Nanga Parbat ums Leben.

Allacher Straße (1914)
Allach an der Würm, westlicher Nachbarort von Moosach.
Alter Weg von Neuhausen über Nederling nach Untermenzing/Allach.

Altomünsterstraße (1984)
Altomünster (Oberbayern).

Alzeyer Straße (1968)
Alzey (Rheinhessen).

Am Kapuzinerhölzl (1947)
Kapuzinerhölzl zwischen dem Nymphenburger Schloßpark und der Fasanerie Hartmannshofen, das 1718–1802 dem Münchner Kapuzinerkloster gehörte.
Vor 1947: Oberst-List-Straße.

Amslerstraße (1947)
Samuel Amsler (1791–1849), Professor, bedeutender Kupferstecher.
Vor 1947: Teil der Bukarester Straße.

Andernacher Straße (1929)
Andernach (Rheinland-Pfalz).
Vor 1929: Darchinger Straße.

Baldurstraße (1900/in Moosach 1914)
Baldur (»der Leuchtende«), tapferer Sohn Odins und der Frigg, war in der altgermanischen Mythologie der Lichtgott.
Moosacher Teil 1906–13: Reindlstraße, nach dem Nederlinger Bauern Mathias Reindl, der sich besonders um diesen Teil des früheren Holzweges angenommen und eine Ahornallee gepflanzt hatte, von der noch heute einzelne Exemplare vorhanden sind.

Batzenhoferstraße (1906)
Die Patzenhofer (Batzenhofer) saßen 1742–1823 auf der Moosacher Tafernwirtschaft (heute »Alter Wirt«).
Bis 1750: Trasse der stark frequentierten Landstraße München–Dachau–Augsburg; bis 1906: Alte Stadtstraße.

Baubergerstraße (1953)
Johann Baptist Bauberger (1880–1937), Ökonomierat, Gärtnermeister in Moosach, Stadtrat, Vorsitzender der Freien Vereinigung Moosach, 1928–34 Aufsichtsratsvorsitzender der »Ein- und Verkaufsgenossenschaft Münchner Gartenbaubetriebe e.G.m.b.H.« (heute »Bayer. Gärtnerei-Genossenschaft e.G.«), machte sich besonders verdient um den Erwerbsgartenbau in München und die Straßenbahn-Verlängerung 1930 vom Leonrodplatz nach Moosach.
1861: Pasingerweg; 1906: Pasingerstraße, nach dem südwestlichen Moosacher Nachbarort Pasing.

Bautzener Straße (1927)
Bautzen (Sachsen).

Benzstraße (1925)
Carl Friedrich Benz (1844–1929), Ingenieur, baute 1885 als einer der ersten einen Benzinmotorwagen.

Bernhard-Borst-Straße (1965)
Bernhard Borst (1883–1963), Architekt, Senator h. c., Erbauer der nach ihm benannten Wohnsiedlung Borstei (1924–29), Inhaber der Goldenen Ehrenmünze der Landeshauptstadt München.

Bielefelder Straße (1936)
Bielefeld (Westfalen).

Bingener Straße (1953)
Bingen (Rheinhessen).
1906–53: Feldmochinger Straße, 1939 durch die Ringbahn und die Kiesaufschüttung für den geplanten Rangierbahnhof München-Nord unterbrochen; zwischen ehem. und heutiger Feldmochinger Straße vor 1953: Thalhammerstraße.

Bockmeyrstraße (1914)
Der Bockmeyrhof in Moosach war im 15. Jh. im Besitz verschiedener Münchner Bürger, darunter auch Franz Füll (s. Franz-Fihl-Straße), dann ab 1598 Caspar Lerchenfeld, und ab 1686 der jeweiligen Hofmarksherrschaft, die den Hof (nachdem er lang öd lag) 1759 abbrechen ließ.
1906–13: alte Lerchenfeldstraße.

Bodenbreitenstraße (1906)
Flurname »Bodenbreiten«.
Vor 1906: Holzweg.

Braunschweiger Straße (1963)
Braunschweig (Niedersachsen)
Vor 1953: Verlängerung der Eininger Straße.

Breslauer Straße (1914)
Breslau (Niederschlesien).
1906–13: Ringbahnstraße, nach dem Zweiten Weltkrieg Verlängerung als Fürther Straße geplant, davon jedoch nur ein Teil als Torgauer Straße ausgeführt.

Brieger Straße (1935)
Brieg (Niederschlesien).

Bunzlauer Platz (1970)
Bunzlau (Niederschlesien).
1906: Bahnhofsplatz, 1914–70: Teil der Pelkovenstraße, im Volksmund weiterhin »Bahnhofsplatz«.

Bunzlauer Straße (1970)
Wie Bunzlauer Platz.
Teil des früheren Untermenzinger Wegs; 1906: Bahnhofstraße; 1914: Pelkovenstraße.

Caubstraße (1915)
Caub (heute Kaub) am Rhein (Rheinland-Pfalz).

Cerebotaniplatz (1947)
Dr. Luigi Cerebotani (1847–1928), Monsignore, Mitglied der päpstl. Akademie der Wissenschaften; er war als Delegat für die Italiener in München tätig und erfand hier mehrere Telegraphensysteme.
Vor 1947: Kowno-Platz, nach der Stadt Kowno (heute Kaunas) in Litauen.

Cerebotanistraße (1968)
Wie Cerebotaniplatz.
Früher Teil des Kowno-/Cerebotaniplatzes.

Chemnitzer Platz (1925)
Chemnitz (Sachsen).

Claudiusplatz (1925)
Claudiusstraße (1925)
Matthias Claudius (1740–1815), Dichter und Redakteur.

Dachauer Straße (1877/in Moosach 1914)
Dachau an der Amper, nördlicher Nachbarort von Moosach.
Seit dem Mittelalter Hauptverbindungsweg München–Dachau–Augsburg; 1750: zwischen Nymphenburg–Biedersteiner Kanal und Moosach neue Trasse; 1906: Münchnerstraße, seit 1991 nördlich der Max-Born-Straße wegen dem Rangierbahnhof München-Nord neuer Verlauf.

Darmstädter Straße (1971)
Darmstadt (Hessen).
Bis 1750 teilweise der einstigen Landstraße München–Dachau–Augsburg zugehörig; bis 1913: Alte Stadtstraße.

Daxetstraße (1921; Eggarten)
Daxet ist die mundartliche Bezeichnung für ein Nadelholzwäldchen.

Dessauer Straße (1926)
Dessau (Sachsen-Anhalt).

Dieselstraße (1970)
Dr.-Ing. Rudolf Diesel (1858–1913), Erfinder des nach ihm benannten Motors.

Dießener Straße (1982)
Dießen am Ammersee (Oberbayern); das dortige Kloster besaß vom 14. Jh. bis zur Säkularisation 1803 einen Hof in Nederling.

Dillinger Straße (1958)
Dillingen (Schwaben).
1944: Teil des Glogauer Platzes.

Dobmannstraße (1962)
Die Dobmann sind seit 1864 in Moosach ansässig, zuerst als Schuhmacher, ab 1895 auch als Metzger und ab 1919 als Wirte (Feldmochinger Straße 11).

Donaustaufer Straße (1960)
Donaustauf (Oberpfalz).

Donauwörther Straße (1925)
Donauwörth (Schwaben).

Dresdner Straße (1914)
Dresden (Sachsen).
1913: Leisgangstraße.

Dürrstraße (1983)
Ludwig Dürr (1878–1956), Ingenieur, Luftschiffbauer, nach dem Tod des Grafen Zeppelin bis 1945 Leiter der Zeppelin-Werke; er entwickelte die ersten europäischen Leichtmetallkarosserien für Autos und Seilbahnen.

Eckehartstraße (1925)
Eckehardt, Ekkehard, Eckhart, Name berühmter Mönche: (1) (um 909–973) verfaßte nach älterer Ansicht um 925 das Waltharilied, das nach heutiger Auffassung bereits Ende des 9. Jhs. entstand; (2) († 990) Domprobst in Mainz; (1) und (2) lieferten Victor von Scheffel (1826–86) das Vorbild für den Helden seines 1855 entstandenen Romans »Ekkehard« (s. a. Hohentwielstraße); (3) (um 980–1060) Abt des Klosters St. Gallen, Klosterchronist und Überarbeiter des Waltharilieds; (4) »Meister Eckehart« (um 1260–1327/28), Dominikaner, bedeutendster deutscher Mystiker des Mittelalters.

Eggartenstraße (1921)
Eggarten, verballhornte Schreibweise für Ödgarten, Egart oder Egert, womit früher Ackerland bezeichnet wurde, das länger brach (»öd«) gelegen hatte und das nach dem Bodenregal dem Landesherrn gehörte, der es gegen bestimmte Abgaben den anrainenden Dörfern als Viehweide überließ.

Eggmühler Platz (1921)
Eggmühl (Niederbayern).

Eggmühler Straße (1914)
Wie Eggmühler Platz.
1913: Birkenstraße.

Ehrenbreitsteiner Straße (1969)
Ehrenbreitstein, rechtsrheinischer Vorort von Koblenz mit einer alten Festung (Rheinland-Pfalz).
Teil der jahrhundertealten Verbindung Sendling–Feldmoching; 1906–13: Sendlingerwegstraße.

Eininger Straße (1914)
Eining bei Kelheim (Niederbayern).
1913: Schweigerstraße, nach einer Moosacher Bauernfamilie, die mit Josef Schweiger 1869–75 den ersten Moosacher Bürgermeister stellte; bis dahin gab es »Gemeindevorsteher«.

Erfurter Straße (1986)
Erfurt (Thüringen).

Ernst-Platz-Straße (1947)
Ernst Platz (1867–1940), bekannter Bergsteiger, Forschungsreisender und alpiner Maler.
Vor 1947: Kemmelstraße.

Feichtmayrstraße (1925)
Franz Xaver Feichtmayr (1705–64), Bildhauer und Stukkateur, Hauptmeister der Wessobrunner Schule, wirkte an der Ausschmückung der Münchner Theatinerkirche St. Cajetan mit.

Feldbahnstraße (1921)
Auf dem Gleis der 1891/92 hinter den Nymphenburger Schloßpark verlegten Bahnlinie München–Landshut wollte das 1887 gegründete und von Ingolstadt nach München verlegte K. Eisenbahn-Bataillon 1895 eine in dessen Kasernen in der Ebenau beginnenden »Feldbahn-Übungslinie Oberwiesenfeld–Schleißheim« einrichten, die jedoch in dieser Form nicht zustande kam. Statt dessen wurde 1897 eine »Militärbahn« vom Oberwiesenfeld zum Schießplatz Freimann in Betrieb genommen, die bis zum Ende des Ersten Weltkriegs bestand.

Feldmochinger Straße (1906)
Feldmoching, nördlicher Nachbarort von Moosach.
Schon früher im Volksmund »Feldmochinger Straßl«; 1861: Feldmochinger Straße; 1914: Feldmochinger Straße; 1939: durch die Ringbahn und die Kiesaufschüttung für den geplanten Rangierbahnhof München-Nord unterbrochen; 1953: ab Pelkovenstraße neue Führung auf der ehem. Wildstraße, benannt nach dem Anwesen »Wild«, Feldmochinger Str. 37.

Fodermayrstraße (1962)
Joseph Fodermayr (* 1802), wurde im Juli 1839 Lehrer in Ludwigsfeld und kam im Herbst 1839 mit der Verlegung der Schule nach Moosach, wo er bis zu seiner Pensionierung 1859 tätig war.

Forststraße (1938)
Nach dem Waldgelände Hartmannshofen; als einen Forst bezeichnet man in der Regel ein abgrenzbares Waldstück, in dem das Jagd- und Holzrecht einem bestimmten Berechtigten vorbehalten ist, früher also in unserem Fall dem Landesherrn, heute dem Staat.

Franz-Fihl-Straße (1914)
Franz Füll (1550–1630), einer der reichsten Kaufherren der Münchner Geschichte, 1602–25 Mitglied des Äußeren Rats, Hofmarksherr auf Windach, Eresing, Riedhof und Grunertshofen, Schloßherr auf Udlding, Inhaber mehrerer Güter, Häuser und Bauernhöfe, u. a. auch in Moosach; 1610 erblicher Adel.
Der wohl einzige Fall in München mit zwei Straßennamen für eine Person: In Giesing gibt es eine Füllstraße.

Franz-Mader-Straße (1958)
Franz Xaver und Anna Mader, Privatiereheleute, errichteten 1905 mit einem Kapital von 93 000 Mark eine Wohltätigkeitsstiftung.
Vor 1958: Lemberger Straße.

Franz-Marc-Straße (1958)
Franz Marc (1880–1916), berühmter Münchner Maler, Expressionist, Mitglied der Künstlergruppe »Der blaue Reiter«.

Frauenwörther Straße (1982)
Frauenwörth, heute Frauenchiemsee (Oberbayern), 722 gegründetes Benediktinerinnenkloster.

Gärtnerstraße (1914)
Nach 1890 ließen sich an dieser Straße mehrere Gärtner nieder.
Früher: Sandgrubenweg.

Gaggenaystraße (1947)
Gaggenay (Gaggenei), Münchner Weinhändlerfamilie, die zu den bedeutendsten deutschen Kaufleuten ihrer Zeit zählte und im 13. Jh. Besitzer des Weinzehents der Probstei Innsbruck waren.
Vor 1947: teilweise Ypernstraße.

Georg-Brauchle-Ring (1971)
Georg Brauchle (1915–68), Mitglied der CSU, ab 1956 ehrenamtlicher Stadtrat, 1960–68 zweiter Bürgermeister der Landeshauptstadt, deren Entwicklung er in einer entscheidenden Phase beeinflußt hat; er widmete sich insbesondere der Stadtentwicklung, der Förderung des U- und S-Bahn-Baus, dem Bau des Olympiaturms und der Bewerbung Münchens um die Spiele der XX. Olympiade 1972.
1927: Östlich der Hanauer Straße Manteuffelstraße, westlich Kellerhovenstraße.

Georg-Kainz-Straße (1990)
Georg Kainz (1901–79), Mitglied der SPD, 1951–72 Vorsitzender des 28. Bezirksausschusses (Neuhausen–Moosach) und 1954–70 Mitglied des Oberbayerischen Bezirkstags.
Früher ein Teil der Günzburger Straße.

Gerastraße (1959)
Gera (Thüringen).
Vor 1959: Zwickauer Platz.

Gleißmüllerstraße (1955)
Hans Gleißmüller, Glasmaler um 1430 in München.
1944: Teil des Verdunplatzes und der Saarburger Straße.

Glogauer Platz (1924)
Glogauer Straße (1935)
Glogau (Niederschlesien).

Gneisenaustraße (1914)
August Graf Neidhardt von Gneisenau (1760–1831), Generalfeldmarschall, Heerführer in den deutschen Befreiungskriegen.
1913: Heuchelstraße.

Gögglstraße (1915)
1913–15 ließ sich das 1829 gegründete »Metallwerk J. Göggl & Sohn München« nach umfangreichen Grundstücksaufkäufen seit 1905 nördlich der Bahn in Moosach nieder; 1921 erfolgte die Umwandlung in die »Kupfer- und Messingwerke Moosach A.G.«; 1932/33 wurde der südliche Fabrikteil demontiert und an dieser Stelle bis 1934 die Reichskleinsiedlung Moosach errichtet.

Görlitzer Straße (1924)
Görlitz (Niederschlesien).

Gröbenzeller Straße (1935)
Gröbenzell (Oberbayern).

Großbeerenstraße (1914)
Großbeeren (Brandenburg).
1913: Eisenböckstraße, nach einem Besitzer von Grundstücken der dortigen Gegend südlich des Moosacher Bahnhofs.

Gubestraße (1947)
Max Gube (1849–1904), Medailleur, Hofgraveur in München.
Vor 1947: Verlauf nahe der Flandernstraße.

Günzburger Platz (1935)
Günzburger Straße (1925)
Günzburg (Schwaben).

Haldenbergerstraße (1921)
Caspar Haldenberger, Bürger zu München, brachte 1477 die beiden Hartmannshofer herzoglichen Lehenhöfe von Hundt von Lauterbach als Afterlehen an sich.

Hallescher Weg (1986)
Halle (Sachsen-Anhalt).

Hanauer Straße (1914)
Hanau (Hessen).
Teil der jahrhundertealten Verbindung Sendling–Feldmoching; 1906: Sendlingerwegstraße.

Hannoverstraße (1936)
Hannover (Niedersachsen).

Hans-Beimler-Straße (1990)
Hans Beimler (1895–1936), Mitglied der KPD, 1932 Mitglied des Bayer. Landtags, 1932–33 Mitglied des Deutschen Reichstags.

Hans-Bunte-Straße (1956)
Geheimrat Dr. h.c. Hans Bunte (1848–1925), berühmter Gasfachmann, Mitglied der Bayer. Akademie der Wissenschaften.

Hardenbergstraße (1914)
Karl August Fürst von Hardenberg (1750–1822), preußischer Staatskanzler zur Zeit der Befreiungskriege.
Früher: Schwabinger Weg; nach dem Bau der Militärschwimmschule auf dem Oberwiesenfeld 1827 auch: Schwimmschulweg, 1913: Kapellenstraße.

Hartmannshofer Straße (1914)
Hartmannshofen, im 12./13. Jh. gegründete, 1369 erstmals urkundlich erwähnte Einöde im Westen von Moosach (bestehend aus einem größeren und einem kleineren Hof sowie um 1500 auch einer Kapelle); die Eigentums- und Besitzverhältnisse in Hartmannshofen mit dem Herzog als Eigentümer, Lehensträgern, Afterlehnern und (Pacht-)Bauern sind sehr kompliziert. 1666 erwarb die Kurfürstin Henriette Adelheid (1636–76) Hartmannshofen von dem kurf. Regimentsrat Johann Georg Freiherr von Hörwarth; ihr Sohn Kurfürst Max Emanuel (reg. 1680–1726) richtete dann dort eine Fasanerie ein, die bis zum Ersten Weltkrieg in Betrieb war.
1861: Hartmannshoferweg.

Hasenstraße (1921)
Nach der Tiergattung der Wildhasen.

Haylerstraße (1947)
Friedrich Hayler († 1892), Münchner Kaufmann, 1854–69 Gemeindebevollmächtigter, stiftete namhafte Beträge für die Armen und das Waisenhaus. Aus seinem Nachlaß wurde 1931 mit einem Kapital von 275 000 Mark eine Stiftung zum Bau eines Altersheimes errichtet. Seine Frau Josephine stiftete 1909 für die Armen des Nikolaispitals 6 700 Mark.
Vor 1947 geplant: Argonnenstraße.

Henckystraße (1970)
Karl Hencky (1889–1963), Leiter der städt. Elektrizitätswerke München.

Hengelerstraße (1928)
Adolf Hengeler (1863–1927), Maler und Zeichner, Professor an der Akademie der Bildenden Künste München.

Hildebrandstraße (1928)
Adolf (von) Hildebrand (1847–1921), bedeutendster, in Florenz und München tätiger Bildhauer neuklassischer Richtung seiner Zeit, 1904 geadelt; in München u. a. Wittelsbacher Brunnen (1895), nach Auffassung von Wilhelm Hausenstein der »schönste Brunnen in Europa seit der Fontana Trevi«, Vater-Rhein-Brunnen (1902), Hubertusbrunnen (1907) und Mitwirkung bei der Prinzregententerrasse (1891).

Hirschstraße (1906)
Nach dem Anwesen »Hirsch« Pelkovenstraße 39/Ecke Hirschstraße, benannt nach dem Besitzer Hans Hirsch (1694).

Hohentwielstraße (1925)
Hohentwiel, Bergkegel im Hegau bei Singen (Baden), auf dem im 10. Jh. eine Burg erbaut wurde, die zeitweilig den Schwabenherzögen als Wohnsitz diente; Geschehnisse aus dieser Zeit nahm Victor von Scheffel (1826–86) in seinen Roman »Ekkehard« auf (s. a. Eckehardstraße).

Holledauer Straße (1964)
Holledau (Holedau, Hallertau, Hollerdau), Landschaft zwischen Donau, Abens, Amper und Ilm, bekannt durch den Hopfenanbau.
1906: Unterfahrtstraße; 1914: Moosburger Straße.

Hünefeldstraße (1930)
Ehrenfried Günther Freiherr von Hünefeld (1892–1929) überflog zusammen mit Hermann Köhl und J. Fitzmaurice am 12./13. 4. 1928 als erster den Nordatlantik in Ost-West-Richtung.

Hugo-Troendle-Straße (1970)
Hugo Troendle (1882–1955), Maler und Lithograph, Professor an der Akademie der Bildenden Künste München.
Früher: Fürstenweg (von Nymphenburg nach Schleißheim) bzw. Nymphenburgerweg, 1906: Nymphenburgerstraße, 1914: Maria-Ward-Straße, seit der Umbenennung 1970 Nordteil ab Karlinger-/Nanga-Parbat-Straße geänderter Verlauf.

Im Eichgehölz (1953)
Nach dem Verlauf durch den Hartmannshofer Wald, der früher »Im Eichet« hieß.

In den Kirschen (1927)
Nach einem alten Flurnamen in dieser Gegend.
1861: Kirschenweg; 1914 nicht aufgeführt.

Jakob-Hagenbucher-Straße (1914)
Jakob Hagenbucher (1860–1902), »Huttergörgl«, 1894–1902 Bürgermeister von Moosach.
1861: Moosweg.

Jenaer Straße (1975)
Jena (Thüringen).
Vor 1975: westlicher Teil des Chemnitzer Platzes.

Josef-Knogler-Straße (1990)
Joseph Knogler (1882–1967), 1921–65 Pfarrer zu St. Martin Moosach; in seine Amtszeit fiel der Bau der neuen St.-Martin-Kirche unter schwierigen Umständen während der Inflation 1923 und der Bau eines neuen Pfarrhauses (1959).

Kapellenäckerstraße (1935)
Nach der alten Flur »Kapellenäcker«, die zwischen Pelkoven-, Feldmochinger und Hardenbergstraße lag, benannt nach einer an der alten »Salzstraße« (heute Pelkovenstraße) stehenden Kapelle.

Karlingerstraße (1947)
Dr. Hans Karlinger (1882–1944), Professor für Kunstgeschichte und Ästhetik sowie Vorstand der kunstgeschichtlichen Sammlungen der Technischen Hochschule München, Verfasser einer mehrbändigen bayerischen Kunstgeschichte.
Vor 1947: Flandernstraße bzw. Flandernplatz.

Karl-Lipp-Straße (1947)
Karl Lipp (1861–1918), Kaufmann, 1903–1914 Mitglied des Münchner Magistratskollegiums und des Verwaltungsrats des Gaswerks Moosach.

Kaufbeurer Straße (1925)
Kaufbeuren (Schwaben).

Koblenzer Straße (1971)
Koblenz (Rheinland-Pfalz).

Kusocinskidamm (1971)
Kusocinski, polnischer Sportler, gewann bei den Olympischen Spielen 1932 in Los Angeles die Goldmedaille im 10 000-m-Lauf, kam als Widerstandskämpfer gegen das NS-Regime ums Leben.

Lampadiusstraße (1906)
Wilhelm August Lampadius (1772–1842), Professor für Chemie an der Bergakademie Freiberg (Sachsen); er erhob die Hüttenkunde zur Wissenschaft, entdeckte den Schwefelkohlenstoff und führte als erster eine Gasbeleuchtung für Straßen vor.

Lannerstraße (1948)
Josef Lanner (1801–43), Komponist, zusammen mit Johann Strauß (Vater) Schöpfer des Wiener Walzers.

Lassallestraße (1963)
Ferdinand Lassalle (1825–64), Sozialpolitiker, in die Geschichte eingegangen als der Gründer des »Allg. Deutschen Arbeitervereins« am 23. 5. 1863, dessen erster Präsident er war; der ADAV verschmolz 1875 mit der »Sozialdemokratischen Arbeiterpartei Deutschlands« zur »Sozialistischen Arbeiterpartei Deutschlands« (seit 1890 »Sozialdemokratische Partei Deutschlands«/SPD); durch seine Reden und Schriften erreichte Lassalle, daß schließlich auch der Staat an den sozialen Zielen der Arbeiterbewegung mitzuarbeiten begann.
1944: Aufhüttenstraße, nach der »Aufhütte«, einer Vogelfänger- bzw. Jagdhütte; »Auf« ist die alte Bezeichnung für den als Lockvogel eingesetzten Uhu.

Lauinger Straße (1960)
Lauingen (Schwaben).
Vor 1960 geplant: Cuxhavener Platz und Zittauer Platz.

Lauterbachstraße (1921)
Das Geschlecht der Hundt von Lauterbach war vom 14. Jh. bis nach 1600 Lehenträger des Herzogs zu Hartmannshofen.

Lechelstraße (1921)
Lechel, richtiger Löhel oder Lehel (von Lohe = Wald), nannte man früher kleine, lichte Laubwaldungen der Bauern, wie sie im Nordwesten von München sehr zahlreich waren. In Moosach war ein ca. sechs Tagwerk großes Wäldchen mit Eichenaufwuchs, das im 19. Jh. zum königl. Leibgehege gehörte, für den Flurnamen »Hinterm Lechel« namengebend; dieses Wäldchen zwischen dem Bahnhof und der Baubergerstraße wurde nach dem Bahnhofsbau in den neunziger Jahren des 19. Jh. allmählich abgeholzt.

Leidingerplatz (1947)
Dr. Georg Leidinger (1870–1945), Geh. Regierungsrat, Professor an der Ludwig-Maximilian-Universität München, Direktor der Handschriftenabteilung der Bayer. Staatsbibliothek, Vorstand des Historischen Vereins von Oberbayern, Mitglied der Bayer. Akademie der Wissenschaften.
Vor 1947: Isonzoplatz.

Leipziger Straße (1914)
Leipzig (Sachsen).
1906: Schulhausstraße.

Löfftzstraße (1928)
Ludwig Ritter von Löfftz (1845–1910), Maler, Professor an der Akademie der Bildenden Künste München.

Liegnitzer Straße (1924)
Liegnitz (Niederschlesien).

Ludwigsfelder Straße (1938)
Ludwigsfeld, nördlicher Nachbarort von Moosach. Moosach hatte ab 1914 bereits eine Ludwigsfeldstraße (früher Böhmstraße), die 1947 in Ohlauer Straße umbenannt wurde; außerdem gab es einen alten Verbindungsweg zwischen Allach und Ludwigsfeld, der im Volksmund einmal Allacherstraßl, ein andermal Ludwigsfelderstraßl hieß; heutiger Verlauf der Ludwigsfelder Straße nach dem Bau des Rangierbahnhofs München-Nord.

Maisacher Straße (1935)
Maisach (Oberbayern).

Mallerdorfer Straße (1982)
Mallerdorf (Niederbayern), 1109 gegründetes Benediktinerkloster.

Marderstraße (1921)
Nach dem Marder, einer heimischen Raubtierart; am bekanntesten sind Baum- und Steinmarder sowie Großes und Kleines Wiesel.

Maria-Ward-Straße (1914)
Maria Ward (1585–1645), Gründerin der Kongregation der Englischen Fräulein; die gebürtige Engländerin errichtete u. a. 1626 auch in München ein Institut der seligen Jungfrau Maria zur Erziehung der weiblichen Jugend.
Früher Fürstenweg (von Nymphenburg nach Schleißheim) bzw. Nymphenburgerweg; 1906: Nymphenburgerstraße; 1970 Umbenennung des nördlichen Teils ab Allacher/Nederlinger Straße in Wintrichring und ab St.-Mauritius-Kirche in Hugo-Troendle-Straße.

Meggendorferstraße (1925)
Lothar Meggendorfer (1847–1925), Zeichner humoristischer Bilderbücher, lieferte viele Beiträge für das in München erschienene Witzblatt »Die Meggendorfer Blätter«.

Meißner Straße (1932)
Meißen (Sachsen).

Memminger Platz (1925)
Memmingen (Schwaben).
Teil des durch den Bahnbau 1890/91 unterbrochenen Untermenzingerwegs.

Merseburger Straße (1959)
Merseburg (Sachsen-Anhalt).

Messerschmittstraße (1983)
Prof. Willy Messerschmitt (1898–1978), Konstrukteur; zu seinen Pioniertaten zählt der erste serienmäßig gebaute Düsenjäger der Welt (ME 262).

Mettenstraße (1982)
Metten (Niederbayern).
Im 9. Jh. gegründetes Benediktinerkloster.

Michelfeldweg (1982)
Michelfeld (Oberpfalz).
1119 gegründetes Benediktinerkloster.

Moosacher St.-Martins-Platz (1914)
St. Martin ist der Schutzpatron der alten und der neuen Moosacher kath. Kirche.
1906: St. Martinsplatz, nach der Eingemeindung umbenannt wegen Verwechslungsgefahr mit dem St.-Martins-Platz in Giesing.

Moosanger (1953)
Der Feldweg liegt am Rand des Dachauer Mooses.

Moosburger Straße (1914)
Moosburg (Oberbayern).
Heutige Trasse nicht identisch mit der Moosburgerstraße ab 1914, s. Holledauer Straße.

Moosstraße (1921)
Nach dem Moos, einer in oberdeutschen Mundarten gebräuchlichen Bezeichnung für Moor.

Nachtigallstraße (1925)
Dr. Gustav Nachtigall (1834–85), Arzt und Afrikaforscher.

Nanga-Parbat-Straße (1953)
In Erinnerung an die Erstbesteigung des Nanga Parbat im Himalaya durch die Willi-Merkl-Gedächtnis-Expedition am 4. Juli 1953 (Hermann Buhl).

Naumburger Straße (1959)
Naumburg (Sachsen-Anhalt).
1913: Obere Krautstraße.

Nederlinger Straße (1899/1914)
Nederling, Weiler zwischen Moosach und Neuhausen, seit 1808 zu Moosach gehörig.

Netzerstraße (1914)
Valentin Netzer (1849–1918), Schmiedmeister, 1879–81 und 1902–13 Bürgermeister von Moosach.

Niedernburger Weg (1982)
Passau–Niedernburg (Niederbayern), gegründet vermutlich im 8. Jh.; 1010 Neugründung als Benediktinerinnen-Kloster.

Ohlauer Straße (1947)
Ohlau (Niederschlesien).
1913: Böhmstraße; 1914: Ludwigsfeldstraße.

Orpheusstraße (1900)
Orpheus, Sänger und Saitenspieler aus der griechischen Sage.

Oskar-Barnack-Straße (1983)
Oskar Barnack (1879–1936) erfand die Leica-Kamera, mit der das Zeitalter der Kleinbildfotografie begann.

Osnabrücker Straße (1936)
Osnabrück (Niedersachsen).

Osterhofener Weg (1982)
Osterhofen (Niederbayern), um das Jahr 1000 gegründetes Stift.

Ottobeurer Straße (1925)
Ottobeuren (Schwaben).

Pelkovenstraße (1914)
Kaspar Lerchenfelder erwarb 1598 von Franz Füll (s. Franz-Fihl-Straße) den »Bockmayr«-Hof, auf den er 1616 die Edelmannsfreiheit erhielt. Seine Enkelin Euphemia († 1693) heiratete 1644 den kurf. Truchseß Johann Wolfgang Pelkoven († 1660); deren Söhne Maximilian (1647–1708), ebenfalls kurf. Truchseß, und Veit Adam (1649–1701), Domherr und Generalvikar in Freising, erhielten 1686 die Hofmarksrechte über Moosach und wurden 1687 beide in den Freiherrnstand erhoben. Sie bauten um 1690 das Schloß und Veit Adam von Pelkoven stiftete 1695 ein Benefizium samt Benefiziatenhaus und Besoldung eines Benefiziaten. Der Erbe der Hofmark Moosach 1708, Maximilians Sohn Johann Ernst Kajetan Anton von Pelkoven (vor 1689–1740), tauschte sie 1722 mit seinem Bruder Maximilian Franz Joseph (1689–1749), der sie noch im selben Jahr an Johann Baptist von Ruffin verkaufte.
1906: Dorfstraße; Ostteil zwischen Feldmochinger und heutiger Hanauer Straße vor 1906: Georgenschwaigerweg; 1906: Milbertshofenerstraße; Westteil ab Dachauer Straße vor 1906: Untermenzingerweg, jedoch seit 1890/91 durch die Bahn unterbrochen, deshalb ab 1906: Bahnhofstraße; 1914: Pelkovenstraße; 1970: Bunzlauer Straße.

Peter-Dörfler-Straße (1963)
Dr. Peter Dörfler (1878–1955), Schriftsteller und Pädagoge.

Pfaffenmünsterweg (1982)
Pfaffenmünster, heute: Münster bei Straubing (Niederbayern), gegründet im 8. Jh., um 1157 mit Augustiner-Chorherren besetzt.

Pfeilschifterstraße (1957)
Dr. Georg Pfeilschifter (1870–1936), Geheimrat, Professor für Kirchengeschichte an der Ludwig-Maximilians-Universität München, Mitglied der Bayer. Akademie der Wissenschaften.

Pickelstraße (1906)
Johann Georg Pickel (1751–1838), Professor für Chemie und Pharmazie in Würzburg, verwendete 1786 als einer der ersten Gas zur Beleuchtung.

Pirschstraße (1921)
Pirsch (Pürsch, Birsch), in der Jägersprache geräuschloses Annähern an das Wild; die Straße verläuft durch das ehemals landesherrliche Jagdgebiet um Hartmannshofen.

Plauener Straße (1925)
Plauen (Sachsen)

Plankstettenstraße (1982)
Plankstetten (Oberpfalz), 1129 gegründete Benediktinerabtei.

Prochintalstraße (1957)
Die bisherige offizielle Erläuterung »Alter Gutshof in Moosach, erwähnt seit 810–835« ist insofern korrekturbedürftig, als die neuere Geschichtsforschung die entsprechende Urkunde vom 8. September 814 Moosach bei Grafing (Landkreis Ebersberg) zuschreibt.

Prüfeningweg (1982)
Regensburg-Prüfening (Oberpfalz), 1109 gegründetes Benediktinerkloster.

Puchheimer Straße (1935)
Puchheim (Oberbayern).

Quedlinburger Straße (1925)
Quedlinburg (Sachsen-Anhalt).

Rathgeberstraße (1915)
Die Waggonfabrik Rathgeber, Untermenzinger Str. 1, gegr. 1855 von Joseph Rathgeber (1810–68) in München, wurde eine der renommiertesten europäischen Waggonbaufirmen (u. a. Orient-Express); 1906–11 Bau einer neuen Fabrik in Moosach; neun Jahrzehnte u. a. der bedeutendste Fahrzeuglieferant der Münchner Stadtwerke; heute: Franz Xaver Meiller Fahrzeug- und Maschinenfabrik GmbH & Co. KG.

Rehstraße (1921)
Nach dem Rehwild im ehemaligen großen Wald- und Jagdgebiet der dortigen Gegend.

Reinoltstraße (1921)
Heinrich Reinolt ist 1369 als Besitzer der beiden Höfe zu Hartmannshofen beurkundet.

Richthofenstraße (1926)
Manfred Freiherr von Richthofen (1892–1918), Rittmeister, Jagdflieger im Ersten Weltkrieg.
Vor 1750: Teil der Landstraße München–Dachau–Augsburg; bis 1906: Alte Stadtstraße.

Riesengebirgstraße (1954)
Riesengebirge, höchster Teil der Sudeten.
Frühere Namen für den heutigen Straßenzug: Ringbahnstraße, Breslauer Straße und Fürther Straße.

Riesstraße (1953)
Hans Ries (1855–1930), 1908–22 Direktor des Münchner Gaswerks, entwickelte die seither in Gaswerken eingeführten Schrägkammeröfen.
1906: Äußere Siemensstraße; 1914: Siemensstraße.

Rigaer Straße (1925)
Riga, Hauptstadt von Lettland.

Röthstraße (1947)
Philipp Röth (1841–1921), Münchner Landschaftsmaler, der auch häufig in der Gegend von Gern und Nederling malte; an der Nederlinger Straße in Nederling befindet sich auch eine jahrhundertealte »Röth-Linde«.
Vor 1947: Arrasstraße.

Rohrer Weg (1982)
Rohr (Niederbayern), um 1133 gegründetes Augustiner-Chorherrenstift.

Rothschwaigestraße (1925)
Rothschwaige, Gehöft mit Wegekirche südlich von Dachau.

Saarlouiser Straße (1936/1984)
Saarlouis (Saarland).
1936: Saarlauterner Straße, nachdem in der NS-Zeit die Umbenennung von Saarlouis, dem vom Stadtgründer (1680–88) König Louis XIV. von Frankreich (1661–1715) verliehenen Namen, in Saarlautern verfügt worden war; Rückbenennung der Stadt 1945 in Saarlouis, die 1982 auch die Umbenennung der Saarlauterner Straße betrieb.

Sapporobogen (1971)
Sapporo, Hauptstadt der japanischen Insel Hokkaido, Austragungsort der Olympischen Winterspiele 1972, Partnerstadt Münchens.

Scharnhorststraße (1914)
Gerhard Johann von Scharnhorst (1755–1813), preußischer General, Führer in den Befreiungskriegen.
1913: Ferchlstraße, nach dem Bauherrn des Wohnblocks an dieser Straße Ecke Feldmochinger Straße.

Schegastraße (1925)
Franz Andreas Schega (1711–87), Münchner Münzen- und Stempelmedailleur.

Scheyerner Weg (1982)
Scheyern (Oberbayern); das 1076 in Bayrischzell gegründete Benediktinerkloster, 1085 nach Fischbachau, 1104 auf den Petersberg bei Dachau und 1119 schließlich auf die Burg Scheyern verlegt, besaß von 1101 bis zur Säkularisation 1803 einen Hof in Nederling.
In den dreißiger und vierziger Jahren war schon einmal südlich der Manteuffelstraße (heute Georg-Brauchle-Ring) eine Scheyernstraße geplant.

Schiestlstraße (1947)
Matthias Schiestl (1869–1939), Maler und Graphiker, Professor an der Akademie der Bildenden Künste München. Die Künstlerfamilie Schiestl hat eine Reihe namhafter Maler und Graphiker hervorgebracht.
Vor 1947: Gorlicestraße.

Schöpferplatz (1925)
Hans Schöpfer (nachweisbar 1520–67), Münchner Porträtmaler, und sein gleichnamiger Sohn († 1610), der u. a. für den Hof und die Wallfahrtskirche Maria Ramersdorf arbeitete, sind mit ihren Werken noch im Bayer. Nationalmuseum und in der Galerie im Schloß Schleißheim vertreten.

Schragenhofstraße (1953)
Nach dem alten Moosacher Anwesen »Schragenhof«, erstmals urkundlich erwähnt 1382.
Vor 1953: Pasinger Straße.

Seydlitzplatz (1925)
Seydlitzstraße (1935)
Friedrich Wilhelm von Seydlitz (1721–73), preußischer Reitergeneral.

Sickingerstraße (1947)
Adalbert (1837–1910) und Jeanette (1842–1920) Sickinger, Architekteneheleute, errichteten 1932 letztwillig mit einem Kapital von 170 000 RM und einer Schenkung von Kunstgegenständen im Wert von 13 000 RM an das Stadtmuseum eine Wohltätigkeitsstiftung.
Vor 1947: Ardennenstraße.

Siegmund-Schaky-Straße (1914)
Siegmund Freiherr von Schaky (1850–1913), Regie-

rungsrat und Vorstand des Bezirksamts München-Land.

Simmerleinplatz (1947)
Anton Simmerlein (1867–1936), Bankangestellter, stiftete 1936 letztwillig 107 000 RM für das Münchner Bürgerheim.
Vor 1947: Karpatenplatz/straße.

Simrockstraße (1926)
Karl Simrock (1802–76), Dichter und Germanist, Professor für altdeutsche Literatur.

Skagerakstraße (1925)
Skagerak, Meeresarm der Nordsee zwischen Dänemark und Norwegen, bekannt durch die große Seeschlacht 1916.

Tannenweg (vor 1938)
Nach der Tanne, einem heimischen Nadelbaum.

Templestraße (1947)
Sabine von Temple († 1873), Professorenwitwe, errichtete 1873 letztwillig mit einem Kapital von 130 000 Mark eine Wohltätigkeitsstiftung.
Vor 1947: Kosaratstraße.

Teplitzer Weg (1953)
Teplitz-Schönau (Nordböhmen).

Thorner Straße (1925)
Thorn (Niederschlesien).

Thürmerstraße (1947)
Joseph Thürmer (1789–1833), Architekt, Radierer, Akademieprofessor in Dresden.
Vor 1947: Lorettostraße.

Torgauer Straße (1989)
Torgau (Sachsen).
1906: Teil der geplanten Ringbahnstraße; 1914: östl. Teil der geplanten Verlängerung der Breslauer Straße; 1954: östl. Teil der Riesengebirgstraße.

Treitschkestraße (1960)
Heinrich von Treitschke (1834–96), Historiker und Schriftsteller, Professor an der Universität Berlin (siehe hierzu Vorbemerkungen).

Triebstraße (1906)
Mit Trieb oder Trift bezeichnete man früher einen Weg, auf dem Vieh getrieben wurde; der Moosacher Trieb führte zu den Gemeindewiesen.

Untere Krautstraße (1914)
Führt durch die ehemaligen Moosacher Krautäcker. Heute anderer Verlauf wie 1914.

Untermenzinger Straße (1906)
Untermenzing an der Würm, westlicher Nachbarort von Moosach.
Ein Teil der Altstraße Föhring–Moosach–Menzing, daher im Volksmund seit alters her: Untermenzingerweg, durch Bahnbau 1890/91 vom Ostteil bis zur Dachauer Straße abgeschnitten.

Voitstraße (1928)
August von Voit (1801–70), Architekt, Oberbaurat bei der Obersten Baubehörde, Professor an der Akademie der Bildenden Künste München; von ihm in München u. a. Neue Pinakothek (1846–53), Orleansbrunnen (1853) und Glaspalast (1854, abgebrannt 1931).

Walderbachweg (1982)
Walderbach (Oberpfalz), um 1130 gegründetes Augustiner-Chorherrnstift, 1143 mit Zisterziensern besetzt.

Waldhornstraße (1947)
Nach dem Waldhorn, einem seit dem 14. Jh. gebräuchlichen kreisförmig gewundenen Jagdhorn, das nach technischen Verbesserungen seit der zweiten Hälfte des 18. Jhs. seinen festen Platz in Orchestern hat.

Warschauer Straße (1925)
Warschau, Hauptstadt von Polen.

Weidmannstraße (1921)
Weidmann (Waidmann), Bezeichnung des Jägers in der Jägersprache.

Weiherweg (1953)
Führte früher zu Eisweihern.

Weishauptstraße (1947)
Viktor Weishaupt (1848–1905), Tier- und Landschaftsmaler, Professor an der Akademie Karlsruhe.
Vor 1947: Stochodstraße.

Weißenböckstraße (1962)
Michael Weißenböck (* 1884), kam 1895 nach Moosach, arbeitete nach 1900 als Baumeister beim Gut Nederling; kurz vor dem Ersten Weltkrieg machte er sich selbständig, kaufte das 1858/59 erbaute Anwesen Dachauer Str. 411/413 und betrieb dort neben der Landwirtschaft auch noch eine Kohlenhandlung (abgebrochen um 1961 wegen der Verbreiterung der Dachauer Straße).

Welzenbachstraße (1954)
Dr. Wilhelm Welzenbach (1900–34), Stadtbaurat, Teilnehmer an der deutschen Himalaya-Expedition 1934, bei der er am Nanga Parbat starb.

Werner-Friedmann-Bogen (1970)
Werner Friedmann (1909–69), Journalist, Chefredakteur der Süddeutschen Zeitung und Gründer der Abendzeitung.

Wichertstraße (1925)
Ernst Wichert (1831–1902), ostpreußischer Romanschriftsteller und Dramatiker.

Wiesenstraße (1906)
Die Straße führte früher in die Wiesengründe der ehemaligen Moosacher Gemeindeflur.

Wildermuthstraße (1925)
Ottilie Wildermuth (1817–77), schwäbische Heimat- und Jugendschriftstellerin.

Wilhelmshavener Straße (1936)
Wilhelmshaven (Niedersachsen).

Wintrichring (1959)
Prof. Dr. Josef Marquart Wintrich (1891–1958), Senatspräsident des Bayer. Verfassungsgerichtshofs in München, dann Präsident des Bundesverfassungsgerichts in Karlsruhe.
Zwischen Allacher/Nedlinger Straße und heutiger Hugo-Troendle-Straße, früher Nymphenburgerweg; 1906: Nymphenburgerstraße; 1914: Maria-Ward-Straße.

Würmstraße (1935)
Die Würm verläßt bei Starnberg den Starnberger See (früher Würmsee) und fließt bei Dachau in die Amper.

Zeno-Diemer-Straße (1947)
Zeno Diemer (1876–1938), bedeutender Maler u. a. von Aquarellen und Schlachtenbildern, Professor e.h.

Zettlerstraße (1956)
Die Zettler waren eine bedeutende Münchner Glasmacherfamilie (Franz X., 1841–1916, Franz, 1865–1949, und Oskar, 1873–1953).

Zittauer Straße (1924)
Zittau (Sachsen).

Zügelstraße (1947)
Heinrich von Zügel (1850–1941), Tiermaler, Professor an der Akademie der bildenden Künste München
Vor 1947: Fromellesstraße.

Zur grünen Eiche (1935)
Soll ein alter Moosacher Flurname sein – ist es jedoch nicht.

Bildnachweis

Sämtliche Abbildungen stammen von den beiden Autoren Volker D. Laturell und Georg Mooseder, ausgenommen die im folgenden genannten:

Lothar Altmann: S. 54, 55 u.
Amalienburg Verlag E. Rückerl München: S. 61 u.
Franz Auracher: S. 120, 122
Bayerischer Flugdienst, Hans Betram, München: S. 34 u., 58
Bayerisches Hauptstaatsarchiv München: S. 6, 34 o., 62, 66, 67, 96, 97, 100 o.
Bayerisches Landesamt für Denkmalpflege München: S. 80 l. u.
Bayerisches Landesvermessungsamt München: S. 9, 27
Bayerische Verwaltung der staatlichen Schlösser, Gärten und Seen: S. 11
Robert Böck: S. 40
Rudolf Böck: S. 124 o.
Antonie Bueb: S. 73 l. u., 74 l. o.
Chemische Werke München, Werkarchiv: S. 102 u.
Deutsche Bundesbahn, Christian-F. Reinke: S. 153 u.

Familie Fichtner: S. 134 u.
Hildegard Gropper: S. 128 m., 128 u.
Familie Heimhuber: S. 109 o., 125 u.
Geschwister Hölzl: S. 121, 124 u.
Elfriede Jakob: S. 86, 154 r. u.
Thomas Klinger: S. 107 o.
Edgar Krauser: S. 25
Klaus Lobisch: S. 135, 147 u., 148
Johann Nimmervoll: S. 80 r. u.
Olympia Einkaufszentrum: S. 106 o., 107 u.
Pfarrarchiv St. Mauritius: S. 59 u.
Pfarrarchiv St. Martin München-Moosach: S. 56 l. o., 129 o., 131 o., 152 o.
Louise Probst-Nickel: S. 33 l.
Max Prugger: S. 151, 163
Rathgeber, Werkarchiv: S. 101, 154 l. u.
Franz Rieger: S. 123 r., 128 o., 130 o,. 132
Christian Schwab: S. 33 r.
Schultheiss-Brauerei AG Berlin: S. 38, 39
Johann Sinseder: S. 49, 55 o., 77 l.
Staatsarchiv München: S. 12
Stadtarchiv: S. 35, 47 o., 60 o., 64 u., 70, 80 r. o., 93, 94 u., 102 o., 112 o., 114 l. u., 117 o., 150, 155
Stadtbildstelle München, Karl Schillinger: S. 99, 103, 149, 159, 160, 161, 162

Städtisches Liegenschaftsamt München: S. 51, 71 o., 71 l., 82 u., 83 l. u., 83 r., 84, 85 r., 87 o., 90 u., 91, 110 o., 116 o., 156 u., 157 o., 158 u.
Stadtwerke München, Gaswerke: S. 98
Stadtwerke München, Verkehrsbetriebe: S. 37, 69 r.
Johanna Staudigl: S. 37 u., 57 l. o., 88, 104, 105, 106 u.
Toni Vogl: S. 73 r. u.
Heinrich Wirthmann: S. 123 m.

Ausführliche Quellenangaben und weiterführende Hinweise in:

Volker D. Laturell u. Georg Mooseder: Moosach. Entstehungs- und Entwicklungsgeschichte eines Münchner Stadtteils mit den Ortsteilen Moosach, Hartmannshofen, Nederling, Eggarten und Olympia-Pressestadt, Bd. 1: Von den Anfängen bis 1800, München 1980, Bd. 2: Von 1800 bis zur Gegenwart, München 1985.